GOLDMANN
ARKANA

Buch

Unsere Hände sind ein Spiegel unserer Persönlichkeit. Wir alle tragen eine Art Landkarte des Unbewussten in unserer Hand. Wenn wir diese Landkarte lesen können, erfahren wir mehr über unsere Bedürfnisse und Ängste, über unsere Stärken, schlummernden Potenziale, darüber, wie wir zu anderen Menschen passen und vieles mehr. Die Handanalyse ermöglicht, dass wir uns besser kennen lernen, die Einsichten über uns selbst und unsere eigenen Möglichkeiten vertiefen und dadurch fundierte Grundlagen für Lebensentscheidungen zur »Hand« haben.

Leicht verständlich und anhand vieler Abbildungen führt die Handanalystin Alice Funk in die wesentlichen Elemente des Handlesens ein: Sie zeigt, wie sich Größe und Stärke der Finger deuten lassen, erklärt Linien und Zeichen und widmet sich besonders den Begabungszeichen.

Neben einem übersichtlichen und klaren Theorieteil enthält dieses Einführungswerk vor allen Dingen viele Abbildungen, durch die das Handlesen anschaulich wird.

Autorin

Alice Funk, 1942 in Yokohama, Japan, geboren, lebt in der Schweiz, ist Mutter und Großmutter. Nachdem sie sich mehrere Jahre in der kommunalen Politik und im Gesundheitswesen engagiert hatte, stieß sie auf die faszinierende Technik der Handanalyse. Nach einer zweijährigen Ausbildung in Richard Ungers International Institute of Hand Analysis ist Alice Funk zertifizierte Handanalystin IIHA. Die Lebensberaterin empfängt Ratsuchende in ihrer Praxis in Zürich zu einer Handanalyse. Im Gespräch erarbeitet sie gemeinsam mit ihren Klienten Wege, um den Herausforderungen des Lebens zu begegnen. Alice Funk hält Vorträge, gibt Kurzhandlesungen für Einzelpersonen und kleinere Gruppen. »Handlesen – the easy way« ist ihr zweites Buch.

Alice Funk

Handlesen

the easy way

GOLDMANN
ARKANA

FSC

Mix

Produktgruppe aus vorbildlich
bewirtschafteten Wäldern und
anderen kontrollierten Herkünften

Zert.-Nr. SGS-COC-1940
www.fsc.org
© 1996 Forest Stewardship Council

Verlagsgruppe Random House FSC-DEU-0100
Das FSC-zertifizierte Papier *Munken Print* für dieses Buch
liefert Arctic Paper Munkendals AB Schweden.

1. Auflage

Originalausgabe Oktober 2009
© 2009 Arkana, München,
in der Verlagsgruppe Random House GmbH
Umschlaggestaltung: UNO Werbeagentur, München
Umschlagmotiv: getty-images
Grafik: Tollkirsch GmbH, Zürich
Lektorat: Birgit Groll
SB · Herstellung: cb
Satz: EDV-Fotosatz Huber/Verlagsservice G. Pfeifer, Germering
Druck: GGP Media GmbH, Pößneck
Printed in Germany
ISBN 978-3-442-21881-3

www.arkana-verlag.de

Inhaltsverzeichnis

1 – Handanalyse

Hände sind ein Spiegel Ihrer Persönlichkeit. In Ihren Händen können Sie Ihre Begabungen und Herausforderungen, Ihre Stärken und Schwächen sowie Ihr Potenzial erkennen. In diesem Buch möchte ich Ihrem Spiegel einen Hintergrund geben, damit er zu Ihnen sprechen kann und Sie sich darin selbst erkennen.

Aus Ihren Händen können Sie die Zukunft nicht sehen. Bei der Handanalyse geht es vielmehr um eine sichtbare, grafische Darstellung Ihrer Persönlichkeit.

Jeder Teil des Körpers steht mit anderen Teilen in Verbindung. In den Händen enden Millionen von kleinen Nerven, die wiederum mit dem Gehirn verbunden sind. Gefühle, Erlebnisse, Gedanken korrespondieren ebenso mit den Nerven in den Händen und schlagen sich als Zeichen nieder, die Sie mit der entsprechenden Schulung und Erfahrung lesen und deuten lernen können.

Die moderne Handanalyse basiert auf alten Traditionen aus Indien, China und dem Nahen Osten. Bereits Aristoteles (384–322 v. Chr.) bezeichnete sie als »alte Wissenschaft«, und Alexander der Große und Julius Cäsar beschäftigten sich mit ihr. Im Mittelalter konnte man sie sogar an Universitäten studieren. Der berühmte Schweizer Psychologe Carl Gustav Jung schrieb einst sinngemäß, er könne sich durchaus vorstellen, dass Hände, die so innig mit der Seele verbunden sind, eine sprechende und verständliche Betrachtungsweise des Charakters darstellen.[1]

So ist die Handanalyse keine Wahrsagerei. Für eine Handanalyse brauchen Sie keine übernatürlichen Kräfte, denn die Regeln der Handanalyse können erlernt werden. Die Kunst des Handlesers besteht darin, die verschiedenen erkannten Merkmale zu einem Ganzen zusammenzufügen. In diesem Spiegel kann der Analysierte sich selber erkennen und bekommt dadurch einen Anreiz, sich in seiner Persönlichkeit weiterzuentwickeln.

Die Handanalyse ist auch keine messbare naturwissenschaftliche Methode, sondern vielleicht am ehesten mit der Graphologie vergleichbar. Die Erfahrungen vieler Generationen über Jahrtausende hinweg, in denen der Zusammenhang der Persönlichkeit mit den Linien und anderen Zeichen in der Hand verglichen wurde, sollten nicht einfach als unseriöse Fantasie oder Schwindelei abgetan werden.

Im Laufe der Jahre bin ich zu der Erkenntnis gelangt, dass es nicht nur einen Weg gibt, um Menschen Zuwendung und Ratschläge mit auf ihren Lebensweg zu geben. Mein persönlicher Weg, um mit Ratsuchenden ins Gespräch zu kommen, ist die Handanalyse. Die Hände sind mein Einstieg, weil für mich als Lufttyp dieser Weg logisch erscheint. Ich glaube daran, dass man aus Linien, Zeichen, Formen der Hand erkennen kann, welche Grundmerkmale ein Mensch hat. An diesem Punkt set-

---

1 Gesamtwerk von Carl Gustav Jung, Band XVIII, § 1818 ff., Geleitwort zu Julius Spier, »The Hands of Children«

zen dann Lebenserfahrung, Menschenkenntnis und Intuition ein, um einen Menschen dort abzuholen, wo er sich befindet.

Ebenso glaube ich daran, dass man die Grundzüge eines Menschen aufgrund seiner Schrift und Physiognomie erfassen kann. Mehr Zweifel habe ich da bezüglich der Astrologie, wenn sie neben der Analyse der Persönlichkeit auch den Anspruch erhebt, in die Zukunft weisen zu können. Andererseits bin ich selber immer wieder erstaunt, welche Resultate manche Astrologen und Astrologinnen erbringen können. Wichtig ist es, dass der Berater die besonderen Umstände des Ratsuchenden begreift und mit ihm zusammen Wege erkundet, die ihm Mut machen, sein Leben in seine eigenen Hände zu nehmen und zu einem guten Resultat für seine Zukunft führen. Liebe zu seinen Mitmenschen ist die wichtigste Grundlage für eine erfolgreiche Beratungstätigkeit, viel wichtiger als die Methode. So glaube ich daran, dass es mehr auf die Persönlichkeit und die Lebenserfahrung eines Beraters ankommt, als auf den Weg, den er wählt, um mit seinen Klienten ins Gespräch zu kommen.

Grundlagen der Handanalyse

In diesem Buch habe ich im Gegensatz zu meinem ersten Buch[2] die Handformen nicht erwähnt. Aus Rückmeldungen meiner Leserinnen und Leser und meiner Klientinnen und Klienten habe ich erkennen müssen, dass Handformen ohne

---

2 Alice Funk, »Handanalyse – ein Wegweiser bei wichtigen Lebensentscheidungen«, Kailash Verlag, 2006

Anleitung äußerst schwierig zu erkennen sind. Es gibt auch mehr Mischformen als reine Formen, und selbst erfahrene Handanalysten haben damit Schwierigkeiten, die Handformen richtig zu bestimmen.

Betrachten Sie immer beide Hände, wenn Sie die Hände einer Person analysieren möchten. Die rechte Hand stellt dar, wie sie sich in der Öffentlichkeit bewegt, während die linke Hand mehr deren intime, familiäre Seite beleuchtet. Falls Sie aber in einer Hand ein Begabungs- oder auch ein anderes Zeichen finden, das Sie in der anderen Hand nicht sehen, dann kommt es weniger darauf an, in welcher Hand es sich befindet. Es übt seinen Einfluss auf Ihr gesamtes Leben aus.

Die Linien in Ihren Händen haben verschiedene Qualitäten. Gerade Linien weisen auf eine klare Logik und einen analytischen Geist hin, während die geschwungenen Linien mehr Gefühle ausdrücken. Lange Linien zeigen auf, dass Sie in diesem Bereich viel Zeit verbringen, kurze Linien hingegen weisen darauf hin, dass Sie sich dort nicht lange aufhalten. Je breiter eine Linie ist, desto mehr möchte sich die dazu gehörende Eigenschaft zeigen.

Während sich die Fingerabdrücke nicht verändern, können die Linien in Ihrer Hand wachsen, verschwinden oder sich neue Wege suchen. Die Linien verändern sich mit dem, was Sie erleben, wie Sie sich in Ihrer Persönlichkeit entwickeln, wie Sie denken, wie Sie fühlen.

Linien in den Händen können Unterbrechungen aufweisen, wie ein Zopf geflochten sein, Blasen oder Inseln bilden. Unterbrechungen im Fluss einer Linie deuten auf Stress hin, bei der Kopflinie zum Beispiel auf Probleme oder Verwirrung im Beruf, eventuell auch auf eine Unterbrechung in der Karriere. In gebrochenen Linien kann die Energie nicht frei fließen, sie stößt immer wieder auf Hindernisse. Wenn um einen Bruch herum eine Schachtel liegt, ist das ein Versuch, den Bruch zu »reparieren«. Die Gefühlsenergie kann vielleicht relativ frei fließen, aber das Grundproblem besteht noch, meist im Unterbewusstsein. Eine Blase oder Insel auf einer Linie bedeutet Sorgen, eine Kette von kleinen Blasen viele kleine Sorgen oder eine große Verwirrung in Bezug auf die Linie, auf der sie liegt. Als Beispiel ist jemand mit einer Kette von Blasen auf der Herzlinie unklar im Ausdruck seiner Gefühle, er ist launisch und empfindlich, seine Gefühle können sich rasch verändern, was andere Menschen dann schwer nachvollziehen können.

Grundgedanken zu menschlichen Eigenschaften

In diesem Buch bemühe ich mich, Eigenschaften eines Menschen weder als gut noch als schlecht darzustellen, sondern als Grundsatz oder Prinzip. Der Grundsatz kann sich positiv oder negativ auswirken, je nachdem, welche anderen Zeichen in den Händen zu sehen sind, je nach Tagesform eines Menschen, je nach den Umständen, in denen er sich befindet. Nehmen Sie z.B. die Eigenschaft »energisch«: Das kann bedeuten, jemand ist energiegeladen, lebhaft, beweglich, tatkräftig; ein energischer Mensch kann auf andere aber auch aggressiv, nervös, unbeherrscht, rastlos wirken. Das Prinzip ist jedoch das gleiche. Es ist nur eine Frage des Maßes. Dieser Mensch kann auch an einem Tag so und an einem anderen ganz anders sein. Mit dieser Widersprüchlichkeit bei uns selbst und bei anderen Menschen können wir lernen umzugehen.

Auch hier gilt die so genannte »Goldlöckchen-Regel«. Das Märchen vom Goldlöckchen ist im angelsächsischen Raum bekannter als bei uns, illustriert aber auf hübsche Art das Prinzip von Versuch und Irrtum – zu viel, zu wenig, gerade richtig. Manchmal schießt man über das Ziel hinaus, manchmal wagt man zu wenig, bis man gelernt hat, was genau das richtige Maß ist.

Goldlöckchen und die drei Bären[3]

Es war einmal ein sehr ungezogenes kleines Mädchen, das Goldlöckchen hieß. Eines Tages rief die Mutter nach Goldlöckchen, weil sie wollte, dass das Mädchen ihr in der Küche helfen sollte. Goldlöckchen aber tat so, als hörte sie nichts, und ging heimlich in den Wald, um einen Spaziergang zu machen. Das tat sie öfter, wenn sie nicht gehorchen wollte.

An diesem Tag nahm sie einen neuen Weg, und bald schon kam sie zu einer gemütlichen kleinen Hütte. Die Tür stand einen Spalt offen, und weil sie neugierig war, trat sie einfach ein.

Innen war die Hütte so nett und einladend wie außen. Goldlöckchen ging in die Küche und war sehr erfreut, als sie auf dem Tisch drei Schüsselchen mit Brei entdeckte, denn sie war hungrig nach dem Spaziergang.

Zuerst kostete sie aus der größten Schüssel. »Uh«, sagte sie, »das ist viel zu heiß!«, und spuckte den Brei einfach wieder aus.

---

3 Märchen aus England von Robert Southey (* 12. August 1774 in Bristol; † 21. März 1843 in Keswick), er war ein englischer Dichter, Geschichtsschreiber und Kritiker.

Dann versuchte sie es mit der mittelgroßen Schüssel. »Uh«, schrie sie, »das ist viel zu kalt.« Du kannst dir bestimmt vorstellen, was sie dann tat.

Schließlich kostete Goldlöckchen aus der kleinsten Schüssel. Da sagte sie nichts mehr, denn sie war zu beschäftigt damit, alles aufzuessen. Der Brei war nämlich genau richtig.

Als sie fertig war, wollte sie sich ein bisschen hinsetzen. Im Wohnzimmer waren drei Stühle. Zuerst setzte sie sich auf den größten, stand aber gleich wieder auf. »Dieser Stuhl ist viel zu hart!«, meckerte sie laut. Dann setzte sie sich auf den mittelgroßen Stuhl, doch auch der passte ihr nicht: »Dieser Stuhl ist viel zu weich!«, beklagte sie sich. Schließlich setzte sich das Mädchen auf den kleinsten Stuhl, und darauf fühlte es sich rundum wohl. Doch dann knackste es und krachte es, und mit einem kräftigen Plumps landete Goldlöckchen unsanft auf dem Boden. Sie war viel zu schwer für den kleinen Stuhl, deshalb war er einfach zusammengebrochen.

»Jetzt muss ich mich aber ausruhen«, murmelte Goldlöckchen und stieg die Treppe hoch ins Schlafzimmer. Dort standen drei Betten mit einladendem Bettzeug. Zuerst stieg Goldlöckchen ins größte Bett und sprang auf der Matratze auf und ab. »Dieses Bett taugt nichts!«, rief sie. »Es ist zu hart zum Springen und zu hart zum Schlafen.« Das mittlere Bett gefiel ihr ebenfalls nicht, denn es war zu weich. Schließlich versuchte Goldlöckchen es mit dem kleinsten Bett, und es war einfach perfekt. Bevor sie über etwas meckern konnte, war sie schon tief eingeschlafen.

Die drei Bären aber, denen die gemütliche Hütte gehörte, hatten sie nur kurz verlassen, um vor dem Frühstück einen kleinen Spaziergang zu machen. Als sie heimkehrten, gingen sie zuerst in die Küche und sahen gleich, dass hier etwas nicht stimmte. »Wer hat meinen Brei gegessen?«, brummte Vater Bär mit tiefer Stimme. »Wer hat meinen Brei gegessen?«, fragte Mutter Bär ärgerlich. »Und wer hat meinen Brei gegessen?«, quiekte Baby Bär mit seinem hohen Stimmchen. »Es ist nichts mehr da!« Verärgert gingen die drei Bären ins Wohnzimmer. »Jemand hat auf meinem Stuhl gesessen!«, brummte Vater Bär bedrohlich. »Jemand hat auch auf meinem Stuhl gesessen!«, bemerkte Mutter Bär. »Auf meinem Stuhl hat jemand gesessen und hat ihn gleich ganz kaputt gemacht«, weinte Baby Bär.

»Kommt mit!«, befahl Vater Bär entschlossen und schlich auf Zehenspitzen die Treppe hinauf. »Wie ich es mir gedacht habe«, sagte er, »jemand ist auf meinem Bett herumgesprungen!« »Auf meinem Bett auch«, sagte Mutter Bär. »In meinem Bett hat jemand geschlafen!«, quiekte Baby Bär, »und schaut mal, er ist immer noch drin!«

In diesem Augenblick wachte Goldlöckchen auf. Sie sah, dass drei sehr ärgerliche Bärengesichter auf sie herabblickten, und sprang aus dem Bett. Schwuppdiwupp war sie die Treppe hinunter, zur Tür hinaus und in den Wald gerannt, noch bevor jemand »Wer ist denn das?« fragen konnte.

Natürlich wagte sich Goldlöckchen nie wieder in die Nähe der Bärenhütte. Einige Leute sagen, dass sie danach ein braves kleines Mädchen geworden sei, aber ich bin da nicht so sicher. Du vielleicht?

Manchmal ist auch für uns die Suppe zu heiß, dann können wir sie nicht essen, manchmal ist sie zu kalt, dann schmeckt sie uns nicht, aber wenn sie genau die richtige Temperatur hat, dann genießen wir sie mit Freude. Es gibt aber auch Zeiten, wo alles genau stimmen würde, etwas genau zu uns passen würde, aber da passiert etwas Unerwartetes: Der Stuhl bricht unter uns zusammen. Das bedeutet, obwohl für uns alles stimmen würde, bewirken äußere Umstände, dass eine Situation nicht so verläuft, wie wir es gerne hätten. Am Ende des Tages sinken wir vielleicht erschöpft in das genau richtige Bett – doch diesmal passt es den anderen um uns herum nicht, und wir müssen gehen. Als kleine Kinder haben wir genau so unsere Fähigkeiten erlernt. Wir sind immer wieder aufgestanden, wenn wir hingefallen sind, bis wir unser Gleichgewicht gefunden haben. Fehler gibt es nicht, denn es gibt immer wieder Chancen. Stellen Sie sich vor, Sie wären als kleines Kind nicht wieder aufgestanden, um laufen zu lernen. Das Fazit der Geschichte ist, dass wir probieren müssen, unser Leben durch Versuch und Irrtum in einer für uns richtigen und erträglichen Art zu formen.

Es ist auch nicht verboten, seine Meinung oder seine Sicht der Dinge zu ändern. Unsere heutige Manie, alles, was je gesagt oder geschrieben wurde, aufzuzeichnen und im geeigneten – oder eben im ungeeigneten – Moment wieder hervorzukramen, ist in meinen Augen verheerend. Ich finde es ein gutes Zeichen der Entwicklung, wenn jemand seine Meinung ändern kann. Solange wir lernen, rosten wir nicht. Solange wir neugierig sind, werden wir nicht alt.

Bei jedem Versuch, die menschliche Seele zu erfassen, stoßen wir auf unüberwindliche Schwierigkeiten. Menschen lassen sich nicht in bestimmte Typen mit festgelegten Grundsätzen einteilen. Menschen sind widersprüchliche Wesen und reagieren einmal so und einmal anders. Trotz dieser Schwierigkeiten nehme ich eine gewisse Einteilung vor auf der Basis der Hände. Wenn Sie bei einer Typisierung sagen: »Ja, zu etwa 80 Prozent trifft diese Beschreibung auf mich zu«, dann ist das schon eine sehr gute Bilanz. Vielleicht können wir statt »Typ« auch sagen, dass ein Mensch eine Vorliebe für oder eine Neigung zu etwas hat. Jeder Mensch ist anders. Es sind nie zwei Menschen gleich, wie auch nie zwei Hände gleich sein können, selbst bei eineiigen Zwillingen nicht. Darum wird ein Mensch nie alle Merkmale eines »Typs« aufweisen, sondern es gibt immer Variationen.

Lernen Sie sich also in Ihrer Einmaligkeit kennen. So wie kein Mensch auf dieser Welt die gleichen Hände wie Sie hat, so ist auch niemand genau wie Sie. Nehmen Sie sich in Ihrer Einmaligkeit an, so wie Sie sind, und lernen Sie sich zu lieben. Freuen Sie sich über Ihre Begabungen und über die Eigenschaften, die Sie als Stärken identifizieren. Erkennen Sie aber auch Ihre Schwächen an, betrachten Sie diese als Chance, nehmen Sie sie als Herausforderung an, als Lernübung, besser mit Ihrem Leben zurechtzukommen.

Sie sollten auch versuchen, Ihrem Wesen und Ihrer Persönlichkeit entsprechend zu leben und zu handeln. Versuchen Sie nicht, wie Ihre Schwester, Ihre Mutter, Ihre Freundin zu werden, sondern suchen Sie nach dem bestmöglichen Ausdruck Ihrer eigenen Persönlichkeit. Hören Sie ruhig auf den Rat anderer, aber entscheiden Sie so, wie es für Sie richtig ist, nicht für Ihren Berater. Machen Sie ruhig Fehler, denn aus Fehlern können Sie lernen.

Wenn Sie einem Menschen die Hände lesen, ist es wichtig, mit ihm auch ein Gespräch zu führen. Fragen Sie, wie Ihre Beschreibung bei Ihrem Gesprächspartner ankommt, ob er sich in Ihrer Darstellung wiedererkennt. Fühlen Sie sich nicht verunsichert, wenn er mit einer Ihrer Aussagen nichts anfangen kann. Das kann verschiedene Gründe haben: Entweder haben Sie andere Zeichen in den Händen nicht in Ihre Aussage mit einbezogen, oder der Ratsuchende hat selber diese Eigenschaft bei sich (noch) nicht erkannt, oder er will sie nicht sehen, oder sie wirkt sich bei ihm anders aus, als es nach Ihrer Erkenntnis möglich ist. Halten Sie sich am Anfang mit Ratschlägen zurück. Fragen Sie gegebenenfalls, ob es der Person recht ist, wenn Sie ihr einen Rat geben. Nichts ist für einen Ratsuchenden unangenehmer als ein Gegenüber, das die Weisheit mit Löffeln gegessen zu haben scheint. Er kommt sich dann noch kleiner, hilfloser und unzulänglicher vor.

Die alten Griechen waren sehr weise im Erkennen von menschlichen Stärken und Schwächen. Sie haben Menschen in bestimmte »Typen« eingeteilt, deren spezielle Eigenschaften sie mit ihren Gottheiten verbunden haben. Auch die Römer hatten ihre Gottheiten, denen sie die Eigenschaften der griechischen Götter zuordneten.

In der Handanalyse finden wir die Planeten und römischen Gottheiten als Symbole wieder, wie sie uns auch aus der Astrologie bekannt sind. Diese versinnbildlichen Eigenschaften des menschlichen Seelenlebens, die es unter verschiedenen Namen in allen Kulturen gibt. Menschen sind Menschen, zu jeder Zeit, in jedem Land, und die Psychologie hat solche Grundsätze erkannt. Ich verwende diese Erkenntnisse zum besseren Verständnis der menschlichen Seele, Ihrer Seele, Ihrer Persönlichkeit. Wenn Sie sich besser verstehen, wenn Sie einsehen, dass Sie in Ihrer Beschaffenheit einmalig sind, werden Sie auch erkennen, dass jeder Mensch, dem Sie begegnen, ebenso einmalig – und anders als Sie – ist.

Die Namen von Planeten, die ihrerseits die Namen römischer Götter tragen, entsprechen den Zonen der Hand.

Die Zonen der Hand

Was ich in meinem ersten Buch als die »Berge« bezeichnet habe, möchte ich nun »Zonen der Hand« nennen. Diese haben eine bestimmte Bedeutung für die Eigenschaft des Zeichens bzw. der Linie, in der sich dieses befindet.

Die Zonen können den Planeten, Göttern und deren Eigenschaften zugeordnet werden. Diese Eigenschaften sind von zentraler Bedeutung für das Verständnis der Handanalyse. (Sie finden die Zonen auch auf einem separaten Blatt, das Sie herausschneiden können, am Ende des Buches.)

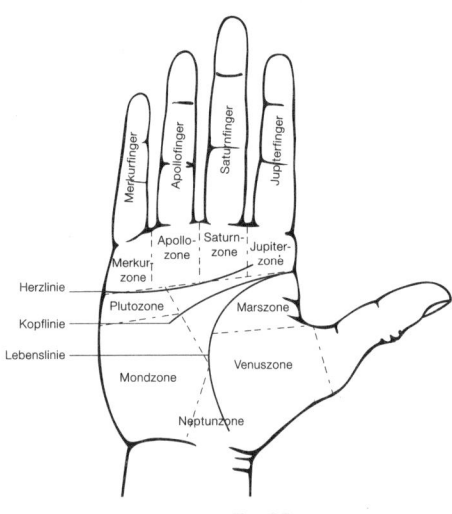

A – Jupiterzone

B – Saturnzone

C – Apollozone

D – Merkurzone

E – Marszone

F – Venuszone

G – Mondzone

H – Neptunzone

I – Plutozone

A – Jupiterzone

Römischer Gott der Götter (griechisch: Zeus), symbolisiert Macht, Kraft, Ehrgeiz, Autorität, Führungseigenschaften, Selbstvertrauen, Stolz, Unabhängigkeit in Taten.

B – Saturnzone

Vater des Jupiter (griechisch: Kronos), symbolisiert Zuverlässigkeit, Verantwortungsgefühl, Disziplin, Geld und Geschäfte, Rechtschaffenheit, Ordnung und Maß, Hemmnis, Sorgen, Melancholie, Krankheiten und harte Arbeit, Erde.

C – Apollozone

Gott der Künste (griechisch: Apollon), symbolisiert Kreativität, Spiel, Individualismus, Öffentlichkeit, Licht und Sonne.

D – Merkurzone

Götterbote (griechisch: Hermes), symbolisiert Kommunikation, Geschäftssinn, Trickdiebe und Glücksspieler, Luft.

E – Venuszone

Göttin der Liebe und der Schönheit (griechisch: Aphrodite), symbolisiert Sensualität, Sexualität, Freude, Liebe, Schönheit.

F – Marszone

Gott des Krieges (griechisch: Ares), symbolisiert Mut, Kampfgeist, Aggression, Aktivität, Feuer.

G – Mondzone
Erdtrabant, symbolisiert Intuition, Fantasie, Spiritualität, tiefes, unbewusstes Gefühl, Unterbewusstsein.

H – Neptunzone
Gott der Meere (griechisch: Poseidon), symbolisiert tiefe Gefühle der Menschheit, Wasser.

I – Plutozone
Gott der Unterwelt (griechisch: Hades), symbolisiert Phönix aus der Asche, Transformation.

Abdrücke von Händen als Beispiele

Dieses Buch ist reich an Beispielen von Händen, von denen ich während meiner langjährigen Praxistätigkeit Abdrücke nehmen durfte. Wir haben diese Beispiele durch Weichzeichnung und Entfernung der meisten Fingerabdrücke grafisch so weit verfremdet, dass sie nicht mehr einzelnen Personen mit Namen zugeordnet werden können. Und doch zeigen die Abdrücke deutlich, wie verschiedenartig und individuell Hände sind, so dass Sie erkennen lernen können, wie das jeweils beschriebene Zeichen in einer lebendigen Hand aussehen könnte.

Der jeweils für das Beispiel wichtige Teil der Hand ist dunkler und detaillierter dargestellt als der Rest der Hand. Wir haben pro Zeichen möglichst verschiedenartige Beispiele genommen. Diese Handabdrücke stammen jeweils von unterschiedlichen Personen. Manche werden nicht leicht zu erkennen sein, sind aber als Lernstück gerade deshalb wertvoll.

Am unten stehenden Beispiel können Sie sehen, dass hier der Teil unterhalb der Finger hervorgehoben wurde. Wichtig für dieses Beispiel ist die Herzlinie, die hier eine »leidenschaftliche« ist. Die Beschreibung zu dieser Herzlinie finden Sie auf (Seite 51) im Kapitel über die Herzlinien.

Beispiel einer leidenschaftlichen Herzlinie

2 – Daumen und Finger

Der Daumen

Der Daumen ist der wichtigste der fünf Finger in unserer Hand und bedeutet nach dem westgermanischen Wort *thuman* wörtlich »besonders starker oder kräftiger Finger«. Der Daumen ist der einzige Finger, der in Gegenstellung zu den anderen vier Fingern steht und auf diese Weise jeden anderen Finger derselben Hand berühren kann. Diese Gegenstellung lässt es zu, dass wir mit dem Daumen nach Dingen greifen und sie festhalten können. Der Daumen erlaubt es uns, Werkzeuge in die Hand zu nehmen und damit zu arbeiten. Dabei ist er selber ein unvergleichliches Werkzeug, das es uns ermöglicht, uns von den anderen Lebewesen auf unserem Planeten abzusetzen.

Bei einem Unfall bezahlen Versicherungsgesellschaften für Teilinvalidität durch Verlust des Daumens mehr als bei Verlust der anderen Finger. Danach kommt in der Wertigkeit der Zeigefinger, die anderen drei Finger gelten als gleich wichtig. In unserem Gehirn sind die Teile, die den Daumen bewegen und seine Nerven steuern, deutlich größer als die der anderen Finger.

Ebenso wichtig ist der Daumen handanalytisch betrachtet. Er ist der Dirigent, der Manager, der Chef, der CEO der Hand.

Wenn die Finger die Bäume wären und die Handfläche der Garten, so wäre der Daumen der Gärtner. Er zeigt auf, wie stark Ihr Wille und Ihre Entschlusskraft sind. Mit dem Daumen können Sie Ihr eigenes Leben und Ihr Umfeld kontrollieren. Dinge und Menschen können Sie formen und »unter Ihrem Daumen« halten.

Der Winkel zwischen Daumen und Handfläche

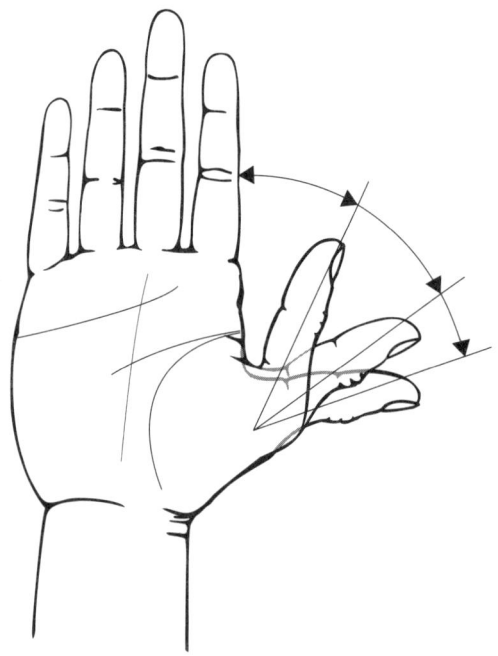

Die Größe des benötigten Tätigkeitsfeldes eines Menschen wird durch den Winkel zwischen dem Daumen und der Handfläche bestimmt.

Der Winkel des Daumens kann auch nur eine momentane Stimmung widerspiegeln. Achten Sie auf Ihren Daumenwinkel in verschiedenen Situationen. Wie fühlen Sie sich, wenn Sie vor einem großen Auditorium einen Vortrag halten müssen? Wie fühlen Sie sich an einem gemütlichen Sonntag in Ihrem eigenen Heim? Wie fühlen Sie sich bei einer sportlichen Betätigung?

Kleiner Winkel

Ein kleiner Winkel ist ein Hinweis auf einen eher introvertierten, vorsichtigen, behutsamen Menschen, der ein nur kleines Tätigkeitsfeld braucht. Manchmal habe ich in meiner Praxis schon den Eindruck bekommen, dass ein Daumen sich am liebsten in die Handfläche zurückziehen und vor der Welt verstecken möchte. Ein solcher Mensch wird keinen großen Willen haben, die Welt zu verändern. Er wird nicht führen wollen, sondern eher froh sein, im Hintergrund wirken und dem Willen eines anderen folgen zu können. Er ist eher ein Denker als ein Macher. In unserer Gesellschaft haben Frauen öfter einen kleineren Daumenwinkel als Männer.

Da der Winkel von der momentanen Stimmung abhängig sein kann, kann ein kleiner Winkel durchaus auch bedeuten, dass Sie sich eine Ruhepause gönnen möchten.

Wenn Sie sich aber mehr Aktivität und ein größeres Aktionsfeld wünschen, können Sie etwas dagegen tun. Sie können die Muskeln Ihres Daumens trainieren, einen größeren Winkel einzunehmen. Üben Sie mehrmals am Tag, immer wenn Sie gerade daran denken, Ihren Daumen weg von der Handfläche zu bewegen. So wie Ihre Gedanken sozusagen von innen nach außen in Ihrer Hand sichtbar werden, so können Sie Ih-

ren Willen rein äußerlich an Ihrer Hand trainieren. Wenn Sie
sich sicher und unterstützt fühlen, werden Sie es eher wagen,
etwas zu unternehmen, als wenn dies nicht der Fall ist. Natürlich sollten Sie Ihren Willen und Ihr Durchhaltevermögen
auch darin üben, Aufgaben zu übernehmen, die Eigeninitiative, Aktivität und Selbstsicherheit erfordern.

Wenn Sie mit Ihrer Rolle im Leben zufrieden sind, wenn Sie
gerne anderen Menschen den Vortritt lassen, dann ist das Ihre
Entscheidung, die für Sie auch richtig ist.

Abdrücke von kleinen Daumenwinkeln:

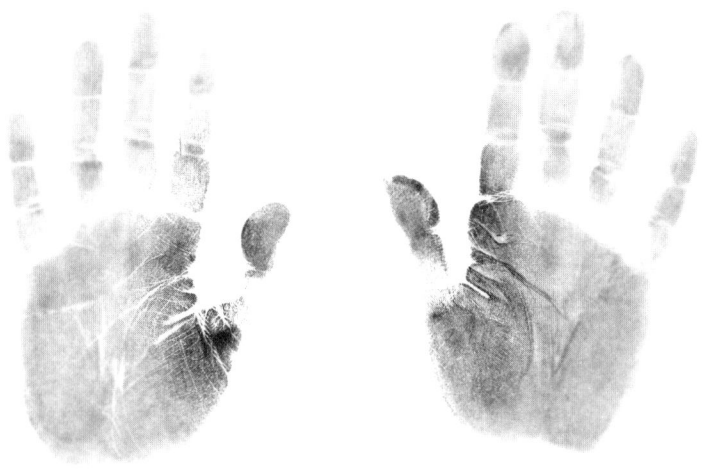

Großer Winkel

Ein großer Winkel verlangt nach einem großen Aktionsfeld. Ein General, ein Staatschef oder der Direktor eines Unternehmens müsste einen solchen Daumen haben. Er braucht Menschen um sich, die er dirigieren und für Aufgaben einsetzen kann. Er müsste täglich viele Entscheidungen treffen können, sonst wird er rastlos und unter Umständen aggressiv.

Abdrücke von großen Daumenwinkeln:

Mittlerer Winkel

Mit einem mittleren Winkel sind Sie ein Mensch, der sowohl anderen hilft als auch Hilfe annehmen kann. In Ihrer Stellung zeigen Sie Initiative, aber Sie wünschen sich keine Führungsposition, höchstens eine mit wenigen Mitarbeitern. Sie sind ein Denker und Planer, aber die Ausführung überlassen Sie lieber anderen. Sie brauchen ein mittelgroßes Aktionsfeld, in dem Sie sich gerne und gut bewegen können.

Abdrücke von mittleren Daumenwinkeln:

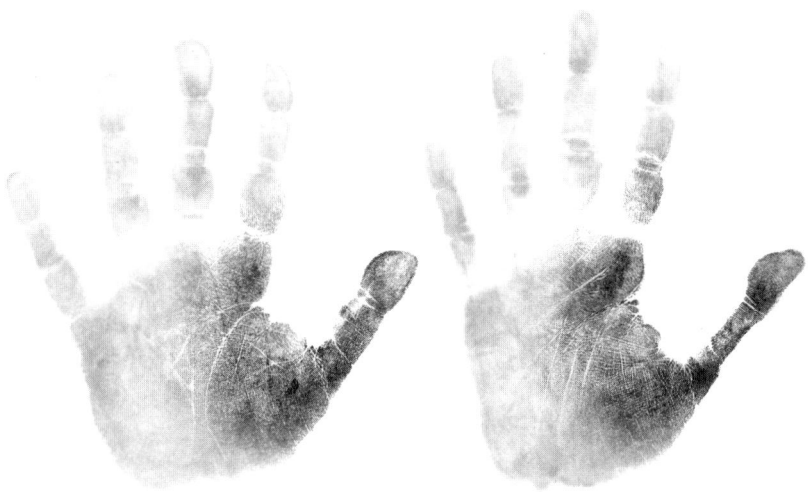

Die Größe des Daumens

Das Verhältnis der Größe des Daumens zum Rest der Hand gibt Auskunft über Ihre Willenskraft und Ihr Durchhaltevermögen.

Die Größe des Daumens muss aber auch im Zusammenhang mit dem Winkel gesehen werden. Ein großer Daumen in einem kleinen Aktionsfeld wird vielleicht andere überfahren und aufdringlich wirken. Umgekehrt kann ein kleiner Daumen in einem großen Aktionsfeld sich völlig verloren vorkommen.

Kleiner Daumen

Mit einem kleinen Daumen werden Sie die größte Mühe haben, Ihren Alltag zu bewältigen, geschweige denn, größere Projekte oder Aufgaben anzupacken. Sie fühlen sich schnell überfordert und möchten am liebsten sobald wie möglich in Ihre eigenen vier Wände heimkehren. Sie benötigen von anderen viel Hilfe, die Sie in Anspruch nehmen und sich sogar darum bemühen sollten, denn sonst laufen Sie Gefahr, in eine Depression zu verfallen.

Abdrücke von kleinen oder schwachen Daumen:

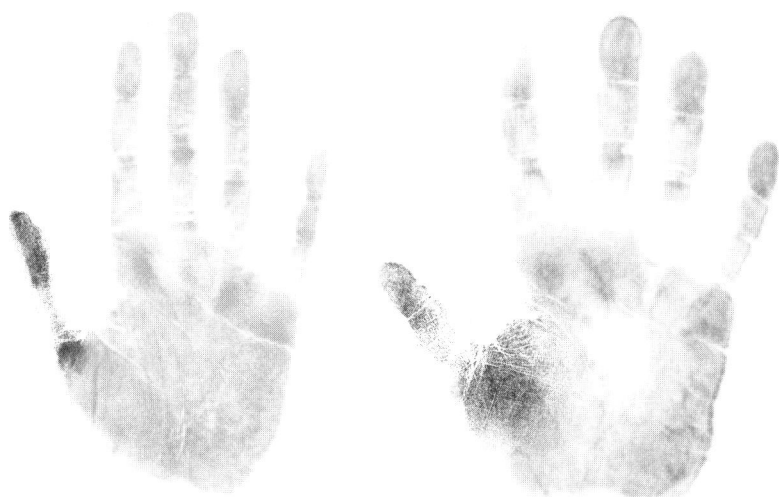

Großer Daumen

Sie sind leidenschaftlich und begeisterungsfähig. Mit Ihrem großen Daumen können Sie gut anpacken und haben das Leben, Ihre Mitarbeiter und sich selber im Griff. Sie strotzen vor

Tatendrang, Energie, Motivation und Initiative. Wenn Ihr Aktionsfeld und Ihre Kompetenzen breit genug angelegt sind, werden Sie Großes erreichen können. Eine Armee befehligen, einen Konzern leiten, einen Staat führen, das wären für Sie die richtigen Aufgaben! Wenn aber die Umstände nicht so sind, dass Sie die Möglichkeit haben, solche Projekte anzupacken, können Sie auch im kleineren Rahmen Außerordentliches leisten. Achten Sie aber darauf, dass Ihr Tätigkeitsfeld groß genug ist, und versuchen Sie es auch zu erweitern, damit Sie Ihre große Tatkraft nicht in negative Bahnen leiten. Sie sollten aufpassen, dass Sie nicht herrisch, aufdringlich und aggressiv werden, was passieren könnte, wenn Sie nicht genug Platz für Ihre Energie finden.

Abdrücke von großen Daumen:

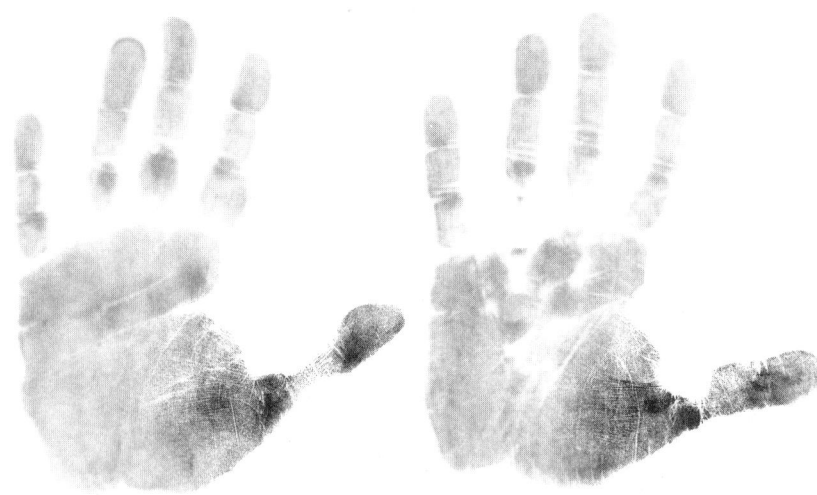

Mittelgroßer Daumen

Mit einem mittelgroßen Daumen bewegen Sie sich im Durchschnitt. Es fällt Ihnen manchmal leichter, manchmal schwerer, Dinge zu erledigen und Aufgaben zu Ende zu führen. Sie benötigen immer wieder Motivation sowohl von sich selber als auch durch andere. Am besten arbeiten Sie, wenn Sie einen Endtermin haben oder unter Druck stehen. Oft fühlen Sie sich als Opfer der Umstände und sehen nicht, was Sie selber anpacken müssten, um zu einem Ende zu kommen. Sie nehmen von anderen dankbar Hilfe an, werden dadurch aber auch motiviert, Eigeninitiative zu entwickeln.

Der Ansatzpunkt des Daumens

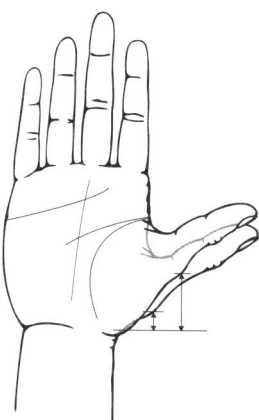

Die oben stehende Grafik zeigt auf, wie Sie den Ansatzpunkt Ihres Daumens beurteilen können. Ziehen Sie in Ihrer Vorstellung eine waagrechte Linie an Ihrer Handwurzel entlang. Beim Daumenansatz, an dem Knochengelenk, wo der Daumen sich vom Rest der Hand trennt, ziehen Sie eine zweite gedachte Linie. Jetzt können Sie sich den Abstand zwischen diesen beiden Linien vorstellen.

Je weiter oben der Ansatzpunkt liegt, also je größer der Abstand von der Handwurzel zum Daumenansatz, desto schwerer fällt es Ihnen im Allgemeinen, Aufgaben anzufangen und zu Ende zu bringen. Sie verschieben Aufgaben von einer Stunde zur anderen, von einem Tag zum nächsten. Erst wenn der Druck von außen so groß wird, dass Sie handeln müssen, packen Sie die Aufgaben an. Auch brauchen Sie einen gewissen Druck, um einmal begonnene Arbeiten abzuschließen.

Abdrücke von hohen Daumenansätzen:

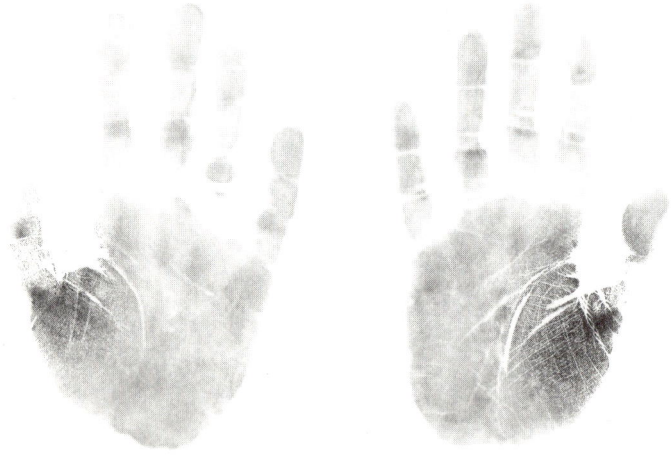

Je tiefer der Ansatzpunkt, je kleiner der Abstand, desto leichter können Sie aus eigenem Antrieb Dinge erledigen und deren Ausführung hinter sich bringen.

Abdrücke von tiefen Daumenansätzen:

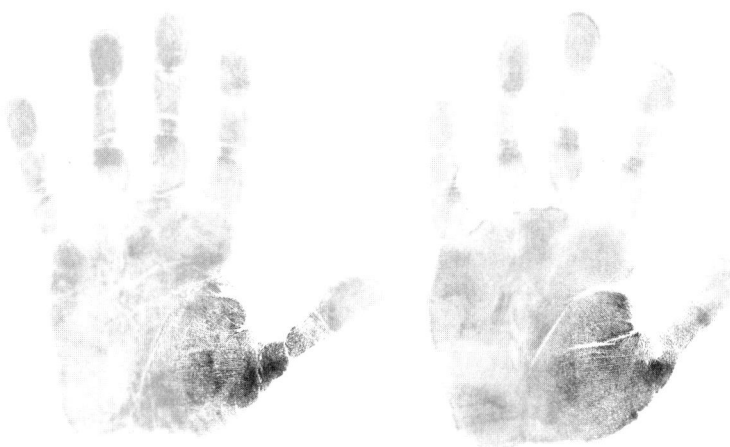

Die Finger

Die Größe und Stärke der Finger

Der Dschungeltest

Die Durchschnittslängen der Finger erkennen Sie in der folgenden schematischen Zeichnung:

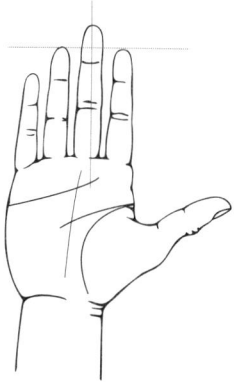

Der längste Finger ist der Saturnfinger. Jupiter- und Apollofinger sind ungefähr gleich lang und reichen ungefähr bis zur Mitte des oberen Saturn-Abschnitts. Der Merkurfinger ist ungefähr so lang wie die beiden unteren Apolloabschnitte.

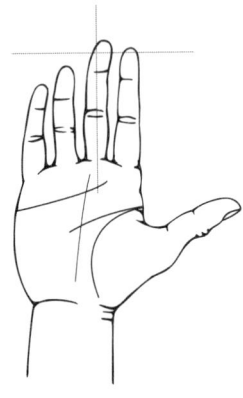

In dieser »Durchschnittshand« (auf Seite 37) wäre keiner der Finger dominant. Alle stehen gerade und haben die »richtige« Größe.

In dem von Richard Unger [4] entwickelten »Dschungel-Test« kann der dominante Finger folgendermaßen ermittelt werden:

Öffnen Sie Ihre Hand mit der Handfläche nach oben und stellen Sie sich vor, Ihre Finger seien Bäume in einem Dschungel. Wenn Sie nun von einem wilden Tier verfolgt würden, auf welchen »Baum« (Finger) würden Sie sich retten?

In der Zeichnung oben ist der Jupiterfinger eindeutig der stärkste Finger, denn der Saturn ist krumm, der Apollo ist zu klein, und der Merkur ist krumm und zu klein.

Der Zeigefinger (Jupiter)

Jupiter ist in der römischen Mythologie die oberste Gottheit. Bei den Griechen hieß er Zeus. Er war der Sohn des Saturn, den wir weiter unten behandeln werden. Donner und Blitz folgten seinen Befehlen. Donnerschläge zeigten sein Grollen an, und mit dem Blitz bestrafte er die, die seinen Befehlen nicht folgten. Es gibt noch viele Geschichten um Jupiter, die ich aber hier nicht aufführen möchte, weil sie für die Eigenschaften des Jupiterfingers keine Bedeutung haben.

---

4 Richard Unger, Director, IIHA, International Institute of Hand Analysis, San Rafael, CA, USA.; www.handanalysis.net und www.lifeprints.com

Eigenschaften, die zu Jupiter gehören, sind folgende: Macht, Kraft, gesunder Ehrgeiz, Autorität, Führungseigenschaften, Selbstvertrauen, Stolz, Unabhängigkeit in Taten. Diese Eigenschaften können im übersteigerten Maß vorhanden sein. Sie könnten zum Beispiel als rechthaberisch oder dominierend erlebt werden – oder, falls der Jupiter nicht positiv gelebt wird, auch in ihr Gegenteil umschlagen.

Mit einem starken Jupiterfinger zeigen Sie den Weg – denn er heißt ja auch »Zeigefinger« – Sie lösen Dinge aus. Ohne einen starken Jupiterfinger werden Sie kaum Aufgaben anpacken können. Der Jupiterfinger ist weniger aktiv und nach außen gerichtet als der Daumen. Mit dem Jupiterfinger leiten Sie Menschen an und führen sie. Er symbolisiert Ihre persönliche Kraft und Ihre Führungsbegabung.

Wenn Sie einen schwachen Jupiterfinger haben, sind Sie von Kraft- und Machtlosigkeit geprägt. Es mangelt Ihnen an Selbstvertrauen, und oft prägt Scham Ihr Verhalten. Es kann aber auch sein, dass Themen von Führung und persönlicher Kraft in Ihrem Leben keine große Rolle spielen. Vielleicht gehen Sie aber auch jeder Meinungsverschiedenheit aus dem Weg, koste es, was es wolle.

Wenn Jupiter Ihr dominanter Finger und hoch angesetzt ist, fordern Sie von Ihren Mitmenschen Respekt ein. Begegnet man Ihnen nicht mit dem nötigen Respekt, können Sie wütend oder feindselig werden.

Abdrücke von starken Jupiterfingern:

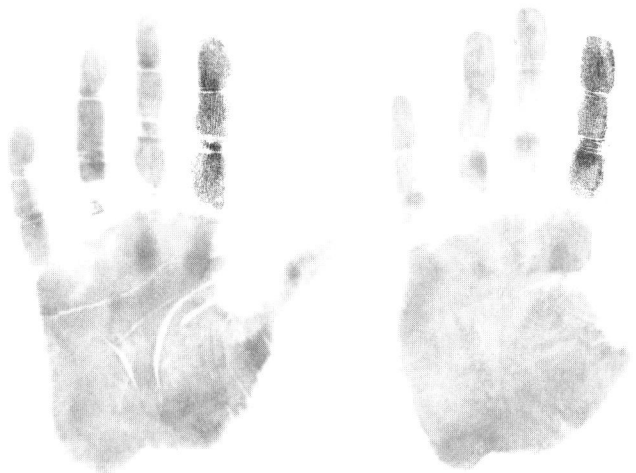

Abdrücke von schwachen Jupiterfingern:

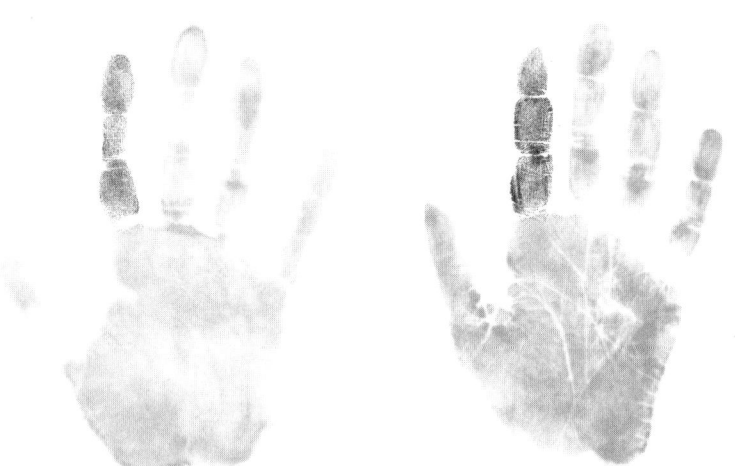

Der Mittelfinger (Saturn)

Saturn war der jüngste Sohn von Gaia (Erde) und Uranus (Himmel). Die Griechen nannten ihn Kronos. Saturn entmannte seinen eigenen Vater, um zur Macht zu gelangen. Eine Prophezeiung hatte ihm vorausgesagt, dass eines seiner Kinder ihn ebenso entmachten würde wie er seinen Vater. Aus Angst fraß Saturn alle seine Kinder auf, nur Jupiter wurde von seiner Mutter versteckt und erfüllte später die Prophezeiung, indem er Saturn zwang, seine zuvor gefressenen Geschwister wieder herzugeben, ihn vertrieb und die Macht über die Götter übernahm. Im Mittelalter schrieb die Astrologie Saturn die Eigenschaften zu, die wir auch dem Saturnfinger übertragen.

Eigenschaften, die wir Saturn zurechnen, sind folgende: Zuverlässigkeit, Sicherheit, Verantwortungsgefühl, Disziplin, Pflichtbewusstsein, Selbstwertgefühl, Wirklichkeitssinn, Geld und Geschäfte, Struktur, Ordnung und Maß, Gleichgewicht, Hemmnis, Sorgen, Schuld, Krankheiten, Unglück und harte Arbeit. Wieder können diese Eigenschaften in übersteigertem Maß vorkommen oder ins Negative gehen.

Saturn ist wie ein überstrenger Elternteil oder ein Lehrer. Er motiviert und lehrt durch Schuldgefühle, aber auch durch praktische Erfahrung. Er regt nicht so sehr zum selbstständigen Denken an, sondern hält sich an Regeln und Gesetze, auch wenn diese unsinnig sind. Er sucht das Gleichgewicht und die Harmonie mehr als das Spielerische, Künstlerische. Er sagt: »Mach zuerst deine Hausaufgaben, dann darfst du spielen gehen«. Auch wenn das Wetter schön ist und es bald dunkel wird. Auch wenn die Kameraden jetzt draußen sind und wenig später zum Abendessen hineingerufen werden.

Ein übertriebener Saturnmensch könnte sich vor lauter Verantwortungsbewusstsein und Einhaltung aller Regeln und Gesetze kaum noch frei bewegen und entscheiden.

Wenn Sie einen schwachen Saturnfinger haben, sind Sie ein Mensch, der in Sorgen lebt. Es mangelt Ihnen an Lebensfreude, und oft werden Sie von Schuldgefühlen geplagt. Sie werden es schwierig finden, mit Geld umzugehen, Aufgaben zu Ende zu führen und Verträge einzuhalten. Ebenso schwer fällt es Ihnen, sich an Strukturen, Regeln, Gesetze zu halten. Sie werden unter Umständen auch unverantwortlich handeln.

Menschen mit einem starken Saturnfinger brauchen Sicherheit. Wenn sie sich nicht sicher fühlen, haben sie schnell Schuldgefühle.

Abdrücke von starken Saturnfingern:

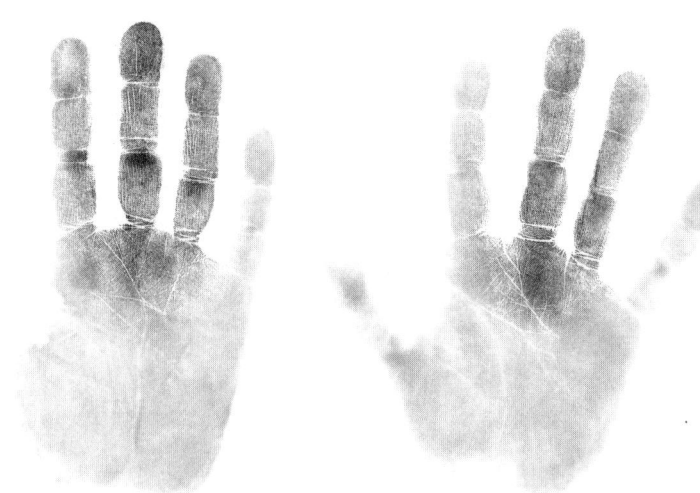

Abdrücke von schwachen Saturnfingern:

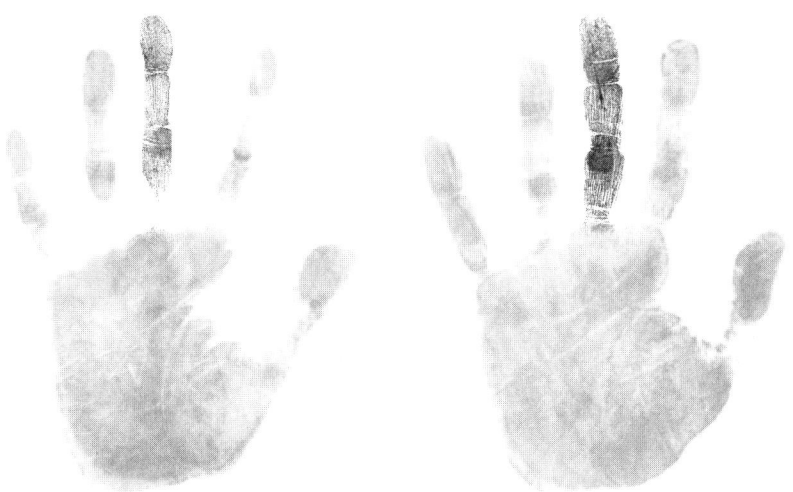

Der Ringfinger (Apollo)

Apollo war der Sohn von Jupiter und Leto, einer von Jupiters zahlreichen Geliebten. Apollos Zwillingsschwester war Diana, die Göttin der Jagd. Er war der Gott der Weissagung und des Orakels, des Lichts, der Künste, im Besonderen der Musik und des Gesanges sowie der Dichtkunst. Als Gott des Lichts wurde er oft auch dem Sonnengott gleichgesetzt. So wird der Apollofinger manchmal auch Sonnenfinger genannt.
Apollo stand auch den neun Musen der Kunst vor.

Die Apollo zugeschriebenen Eigenschaften sind unter anderen Selbstausdruck, Anerkennung, Kreativität, Kunsthandwerk, Kunst, Geschmack, Vergnügen, Spiel, Individualität, Öffentlichkeit, Licht und Sonne, Geschicklichkeit im Umgang mit anderen Menschen, soziale Fähigkeiten, Lebensfreude.

Sind Sie ein Mensch mit einem dominanten Apollofinger, dann ist es Ihnen wichtig, dass Sie sich in der Öffentlichkeit ausdrücken, dass Sie Ihre Kreativität und Individualität zeigen können. Sie erfassen Situationen und Menschen instinktiv und möchten spielerisch an das Leben herangehen. Regeln und Gesetze sind für Sie zweitrangig, Ihre Einzigartigkeit steht im Vordergrund. Jede Form von künstlerischem, individuellem, einzigartigem Ausdruck kann durch einen starken Apollofinger offenbart werden.

Diese Eigenschaften können bis ins Extravagante gesteigert werden. Sie könnten exzentrisch werden, wenn Sie Ihre Einzigartigkeit übermäßig kundtun möchten. Sie könnten durch lautes und unangenehmes Benehmen auf sich aufmerksam machen wollen. Oder Sie werden oberflächlich und vergnügungssüchtig.

Wenn Sie einen schwachen Apollofinger haben, suchen Sie die Öffentlichkeit nicht und haben außerordentlich starke Angst vor Kritik, wobei Sie durchaus Ihr eigener größter Kritiker sein können. Sie haben oft das Gefühl, Sie gehörten bei einer Gruppe nicht dazu und möchten sich zurückziehen. Sie könnten des Öfteren das Gefühl von Zurückweisung durch die Gesellschaft erfahren oder sie sich auch einbilden. Wahrscheinlich können Sie nicht richtig spielen und loslassen. Können Sie auch Dinge tun, die nicht nützlich, nötig oder vorgeschrieben sind?

Apollo braucht Anerkennung, Zustimmung und Applaus. Wenn er dies nicht bekommt, wird er seine Hilfsbedürftigkeit in den Vordergrund stellen, und vielleicht den allzu lieben Menschen spielen, damit er die Anerkennung durch seine Unterwürfigkeit erzwingen kann.

Abdrücke von starken Apollofingern:

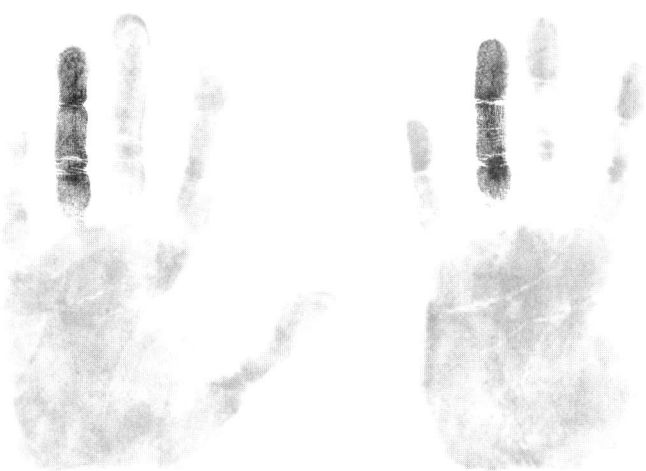

Abdrücke von schwachen Apollofingern:

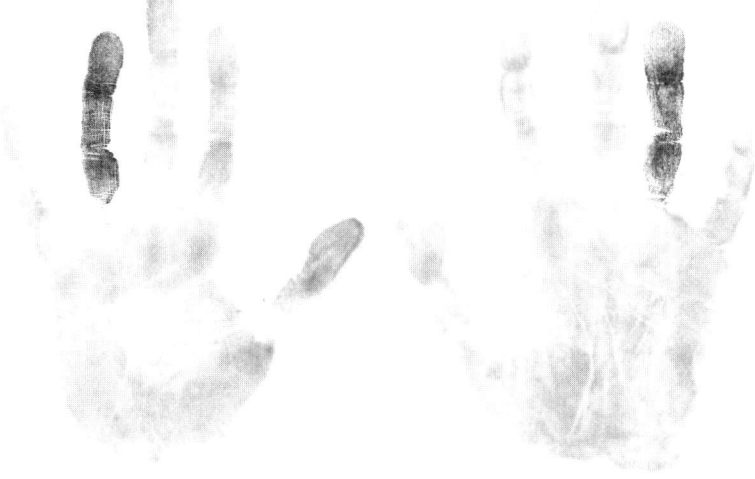

Der kleine Finger (Merkur)

Merkur war der Sohn von Jupiter und der Nymphe Maia. Er war der Götterbote und wird deshalb oft mit Flügeln an den Füßen dargestellt. Er war auch der Gott des Handels, der Trickdiebe und Glücksspieler und der Reisenden.

Merkur steht für Kommunikation, Geschäftssinn, Redegewandtheit, Geschicklichkeit, Intimität, Überzeugungskraft, Verhandlungsgeschick, Klugheit, Sexualität, Heilkraft, Strategie, technische Begabung.

Wenn Sie einen starken Merkurfinger haben, dann haben Sie eine rasche Auffassungsgabe, einen scharfen Verstand und ein kluges Vorgehen. Sie können Ihre Meinung außerordentlich gut ausdrücken. Sie sind in der Lage, analytisch zu denken und Ihre Strategien und Botschaften anderen in einfacher Sprache darzulegen. Sie können komplizierte Vorgänge verständlich und auf einfache Art und Weise erklären, weil Sie aus Ihrem Herzen und Ihrem Instinkt heraus sprechen können.

Es ist Ihnen wichtig, dass Sie richtig verstanden werden. Sie sind in der Lage, alle möglichen Lösungen zu einem Problem gegeneinander abzuwägen und die Tragweite Ihrer Entscheidungen zu erkennen. Ihr strategisches Denken und Ihre Kommunikationsfähigkeiten sind die Grundlagen für Ihr Verhandlungsgeschick in geschäftlichen wie auch in privaten Belangen.

Da Ihre Klugheit aber nicht nur mit Ihrem scharfen Verstand etwas zu tun hat, sondern auch mit Ihrem Wunsch nach Nähe und wahrer Herzenskommunikation mit Ihrem Gegenüber, verfügen Sie auch über Nächstenliebe und Verständnis für seine Probleme.

Als übertriebenen Merkurtyp könnte ich mir einen gerissenen Falschspieler, Schurken oder Juwelendieb vorstellen.

Wenn Sie einen krummen oder schwachen Merkurfinger haben, fühlen Sie sich oft missverstanden, was zu Misstrauen gegenüber Ihren Mitmenschen führt und zum Bedürfnis, sie nach Ihren Vorstellungen zu beeinflussen. Sie ziehen sich aus der menschlichen Kommunikation zurück und nehmen die Missverständnisse den anderen übel. Sie haben auch ein schlechtes Bild von sich selber, weil Ihr Spiegel – die anderen Menschen – verzerrt ist.

Kommunikation ist Ihnen ein Bedürfnis, besonders wichtig ist Ihnen die intime Kommunikation mit Ihrem Partner. Wenn Sie keine Nähe und kein Verständnis erfahren, haben Sie die Tendenz, sich zurückzuziehen und gar nicht mehr kommunizieren zu wollen, oder sich Dingen oder Menschen auf falsche Art hinzugeben.

Abdrücke von starken Merkurfingern:

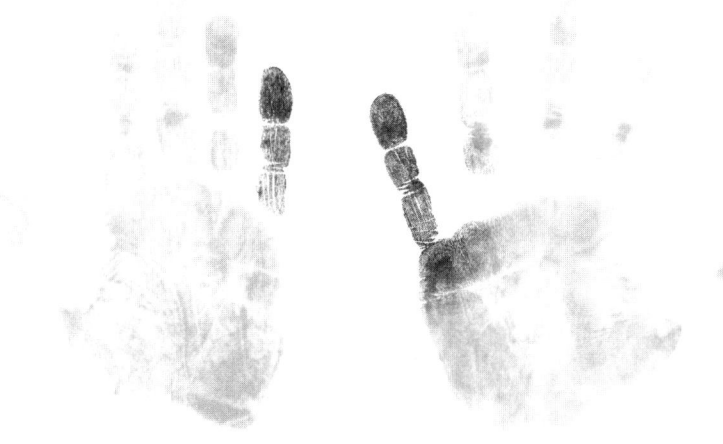

Abdrücke von schwachen Merkurfingern:

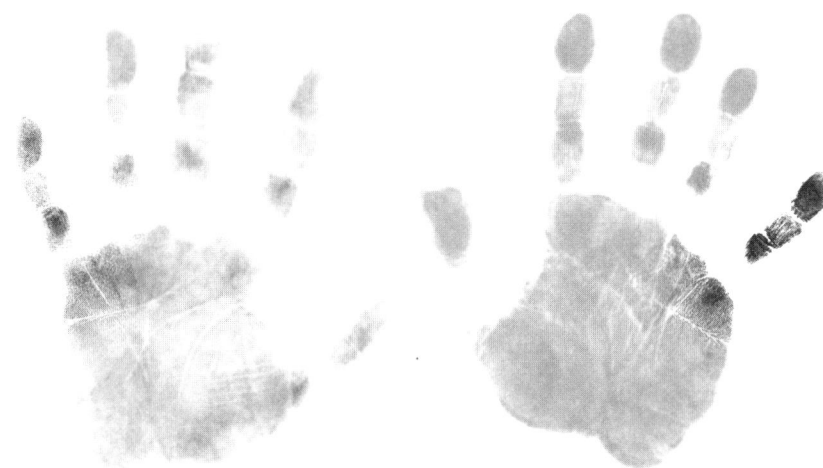

Zusammenfassung der Daumen und Finger

Daumen kleiner Winkel	introvertiert, vorsichtig, kleines Tätigkeitsfeld, Denker
Daumen großer Winkel	General, großes Aktionsfeld, extrovertiert, Macher
Daumen mittlerer Winkel	hilft und nimmt Hilfe an, Planer, mittelgroßes Aktionsfeld
Kleiner Daumen	schnell überfordert, braucht Hilfe, ist am liebsten zu Hause
Großer Daumen	leidenschaftlich, Macher, Tatendrang, Energie

Mittelgroßer Daumen	Durchschnitt, braucht Motivation, dann Eigeninitiative
Hoher Daumenansatz	hat Mühe, Aufgaben anzupacken, wartet ab
Tiefer Daumenansatz	packt leicht an, verschiebt nicht auf morgen, was er heute erledigen kann
Zeigefinger, Jupiter	Macht, Kraft, Ehrgeiz, Führung, Selbstvertrauen, Stolz, Autorität / Ohnmacht, Scham / verlangt Respekt
Mittelfinger, Saturn	Zuverlässigkeit, Sicherheit, Verantwortungsgefühl, Pflichtbewusstsein, Ordnung, Geschäfte / Hemmnis, Sorgen, Schuld / braucht Sicherheit
Ringfinger, Apollo	Selbstausdruck, Kreativität, Anerkennung, Geschmack, Kunst, Öffentlichkeit, Sonne, Spiel / Angst vor Kritik, Rückzug / braucht Anerkennung
Kleiner Finger, Merkur	Kommunikation, Geschäftssinn, Verhandlungsgeschick, Heilkraft, Strategie / Falschspieler, Misstrauen, Verzerrung, Manipulation / braucht Verständnis

3 – Herzlinien

Die Herzlinie ist die Linie, die von den vier Hauptlinien am nächsten bei den Fingern zu finden ist. Sie verläuft vom äußeren Rand der Hand, unter dem Merkur, in Richtung des Jupiter- oder Saturnfingers. Die Herzlinie gibt Auskunft über Ihre Gefühlsanlagen, wie Sie sich in menschlichen Beziehungen verhalten, wie Sie von anderen behandelt werden möchten und wie Sie sich anderen Menschen gegenüber gebärden.

Bei den Herzlinien unterscheiden wir grundsätzlich vier Typen, denen auch die vier Elemente zugeordnet werden können: Feuer, Erde, Wasser, Luft.

Linie A, Feuer: der Leidenschaftliche
Linie B, Erde: der Freiheitsliebende, der Einsiedler
Linie C, Wasser: das Große Herz
Linie D, Luft: der Romantische Idealist

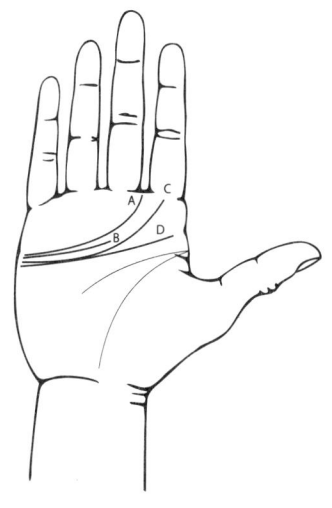

Schematisch sind hier die vier Herzlinien in einer Hand dargestellt, damit Sie die grundsätzlichen Unterschiede auf einen Blick erkennen können:

A, die Linie eines leidenschaftlichen Menschen, wird dem Feuer zugeordnet. Sie ist kurz und geschwungen und endet zwischen dem Jupiter und dem Saturn.

B, die Linie des freiheitsliebenden Einsiedlers, ist der Erde zugeordnet, ist kurz aber gerade und endet unter dem Saturn.

C, das Große Herz, wässerig angepasst und gefühlvoll, ist lang und geschwungen und endet unter dem Jupiter.

D, der Romantische Idealist, ist lang und gerade und endet ebenfalls unter dem Jupiter. Sein Element ist die Luft.

Besonders bei den Herzlinien sind Blasen, Unterbrechungen, Inseln usw. sehr aussagekräftig (siehe »Grundlagen der Handanalyse«, S. 13). Bei einem Bruch der Linie sehen wir einen gefühlsmäßigen Stress, der sich bis in die Gegenwart hinein auswirkt und heutige Beziehungen belasten kann.

Eine doppelt geführte Herzlinie weist auf »Mauern« hin, die errichtet wurden, um möglichst nicht noch einmal verletzt zu werden.

Blasen auf der Herzlinie zeigen große Sorgen und Verwirrung in Bezug auf Herzensangelegenheiten auf. Die betreffende Person weiß oft nicht ein noch aus und reagiert empfindlich und launisch.

Der Leidenschaftliche stürzt sich gerne in ein risikoreiches Abenteuer.

Der Freiheitsliebende hält sich aus Sicherheitsgründen an Altbewährtes.

Das Große Herz spürt zuerst einmal in sich hinein, bevor es etwas anpackt.

Der Romantische Idealist entwickelt erst ein innovatives Konzept, bevor er ein Projekt beginnt.

Die Eigenschaften der »emotionalen Typen«, die ich hier beschreibe, können je nachdem, welche anderen Zeichen sich in Ihrer Hand befinden, verschieden erscheinen. Alle Eigenschaften beinhalten auch gleichzeitig ihr Gegenteil in sich. Jemand, der aktiv ist, kann durch Lebensumstände, Erziehung oder andere Ereignisse in seinem Leben passiv wirken. Oder ein Mensch kann einem Menschen aktiv vorkommen, während ein anderer ihn als rastlos empfindet.

In meiner Praxis erlebe ich oft Menschen, die ihre Gefühle und ihre wahre Natur viele Jahre versteckt haben. Wenn ich ihnen dann aufzeige, was in ihren Händen über sie steht, und sie danach frage, wie sie als Kind waren, kommen meist verschüttete Gefühle und Erlebnisse an die Oberfläche. Durch die Handanalyse versuche ich Menschen zu ihrem wahren Ich zu führen, denn zufrieden leben können wir nur, wenn wir nicht versuchen, dem Bild eines anderen Menschen zu entsprechen.

Der Leidenschaftliche

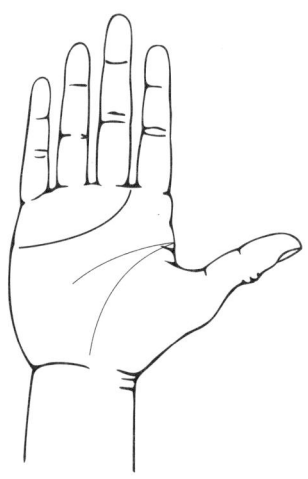

Die Herzlinie des Leidenschaftlichen schwingt sich in einem großen Bogen vom äußeren Teil der Handfläche unter Merkur bis zum Punkt zwischen Saturn und Jupiter.

Der leidenschaftliche Typ braucht in seinem Leben Aufregung, Neuigkeiten und Aufmerksamkeit. Nichts ist für ihn schlimmer als Langeweile und Routine.

Das Element des Leidenschaftlichen ist das Feuer. Feuer bringt Wärme und Licht. Feuer ist unberechenbar, lodert oder glimmt vor sich hin, zerfrisst und zerstört alles, was sich ihm in den Weg stellt, oder es wärmt und erweckt zum Leben.

Sie müssen immer bedenken, dass Eigenschaften, die wir als positiv betrachten, auch weniger positive Seiten haben, und umgekehrt. Es ist immer eine Frage des Maßes. Vergessen wir die Goldlöckchen-Regel nicht (siehe Seite 16, »Grundlagen der Handanalyse«): Es gibt immer ein Zuviel, ein Zuwenig und ein Gerade-Richtig. Es kann auch sein, dass ein Mensch diese Eigenschaften als positiv empfindet, während sie für einen anderen übertrieben oder unecht wirken. Was wir bei einem entfernten Bekannten oder gar in einem Film als interessant beurteilen, kann uns bei einem Kind oder unserem Partner auf die Dauer auf die Nerven gehen.

Die Eigenschaften, die zu einem Feuer-Typ passen, können folgende sein. Ich habe sie spontan und ohne eine bestimmte Ordnung aufgelistet, wie sie mir gerade in den Sinn kamen:

feurig – fackelnd
aktiv – rastlos
intensiv – angespannt
impulsiv – triebhaft
praktisch veranlagt – ausgeklügelt
charmant – blendend
aufregend – überspannt
energisch – rücksichtslos
dramatisch – theatralisch
lebhaft – ruhelos
spontan – unaufgefordert
temperamentvoll – aufbrausend
schnell entschlossen – unüberlegt
begeisterungsfähig – unbändig
individualistisch – egoistisch
unabhängig – beziehungslos
extrovertiert – unruhig
ausdrucksstark – hochtrabend
innovationsfähig – traditionslos
willensstark – hart
mutig – tollkühn
großzügig – verschwenderisch

Als Beispiel für eine leidenschaftliche Frau können wir uns die amerikanische Popsängerin, Schauspielerin und Regisseurin Madonna vorstellen. Wenn sie einen Raum betritt und einen

Moment stehen bleibt, werden sich in kurzer Zeit alle Augen auf
sie richten. Sie genießt es, im Rampenlicht zu stehen, und sie
wird nicht unbemerkt in einer Menschenmenge untergehen. Si-
cher können Sie sich kaum vorstellen, dass Madonna sich lang-
weilt oder dass sie einer Routine-Arbeit nachgeht, ihr Leben ist
erfüllt von neuen Ideen, neuen Projekten – und neuen Menschen.

Der leidenschaftliche Typ ist voller Tatendrang und reagiert
stark und emotional auf alle Geschehnisse im Leben. Er be-
nützt seinen nicht unbedeutenden Charme, um das zu erreichen, was er gerne möchte. Er ist selbstsicher und fühlt sich
wohl, wenn er im Mittelpunkt steht.

Als Partner ist er spannend, es ist immer etwas los um ihn
herum. Sein Kopf ist voll von neuen Ideen und Projekten, er
schließt spontan und begeistert neue Freundschaften und
weiß immer ganz genau, was er gerne möchte. Seine Wünsche
gibt er direkt und ohne Umschweife bekannt. Der Partner
weiß immer, woran er bei ihm ist. Langweilig wird es mit dem
Leidenschaftlichen nicht, aber wehe, wenn er sich zu langweilen beginnt. Dann könnte es von einem Moment auf den
nächsten mit der Partnerschaft zu Ende gehen.

Ein Leidenschaftlicher, der mit seiner Persönlichkeit nicht
im Reinen ist, kann alle diese Eigenschaften ins Unangeneh-
me wandeln (siehe Liste der Eigenschaften oben). Er kann
aufbrausend sein, streitsüchtig und aggressiv, sich schnell
langweilen und anderen auf den Wecker fallen, weil er unter-
halten werden möchte. Er könnte kein Projekt zu Ende führen,
weil es ihm an Beharrlichkeit und Durchhaltevermögen fehlt.
Er würde vielmehr von einem Interessensgebiet zum nächsten
eilen und sich nie mit etwas richtig befassen. Er würde sein

Umfeld manipulieren, um das zu erreichen, was er gerne möchte, und mit Ungeduld und Rücksichtslosigkeit reagieren.

Abdrücke von leidenschaftlichen Herzlinien:

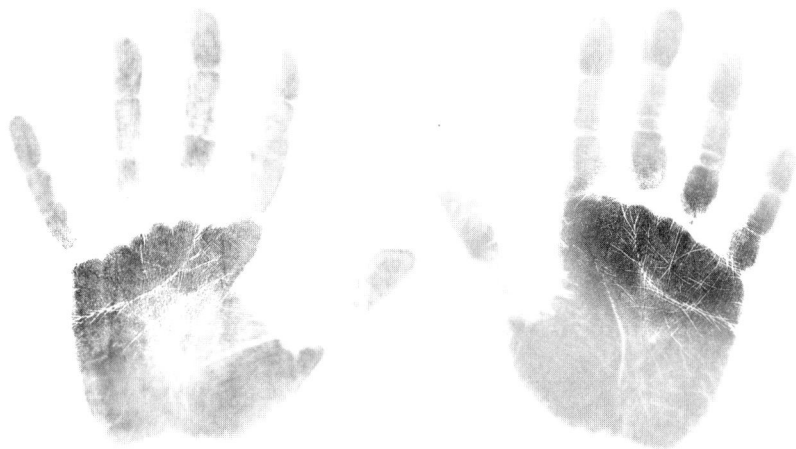

Der Freiheitsliebende, der Einsiedler

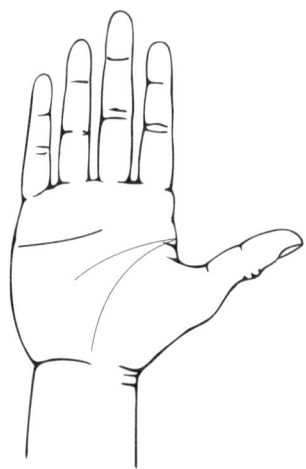

Die freiheitsliebende Herzlinie verläuft gerade von der äußeren Handkante bis unter den Saturn. Sie ist die
kürzeste der Herzlinien.

Die hervorstechende Eigenschaft des
Freiheitsliebenden ist sein Wunsch
nach Unabhängigkeit. Er drückt seine
Gefühle durch Taten aus. Das
Schlimmste für ihn sind Menschen,
die sich an ihn klammern.

Das Element des Freiheitsliebenden
ist die Erde. Die Erde ist stabil, aus ihr
wachsen die Pflanzen, auf ihr stehen
Menschen, Tiere, Bäume und Gebäude und wanken (meist)
nicht. Die Erde ist warm, aber nicht heiß, in ihrem Inneren
brodelt jedoch das Magma und kommt nur selten an die Oberfläche. Die Erde hat eine gewisse Dichte und ist auch nicht
durchlässig; die Erde ist nährend; die Erde dreht sich langsam
um sich selbst und wird sich nicht sehr schnell an einen anderen Ort bewegen.

Folgende Eigenschaften passen zum Freiheitsliebenden:

loyal – anhänglich
treu – ergeben
bedächtig – langsam
zuverlässig – übereifrig

praktisch – theoretisch
pünktlich – penibel
traditionsgebunden – fad
schweigsam – wortkarg
bodenständig – unkreativ
stark – stur
naturnah – technikfeindlich
heldenhaft – unüberlegt
verantwortungsbewusst – pedantisch
entschlossen – unflexibel
beharrlich – starrsinnig
sachlich – kühl
klar – einfach
zielstrebig – kompromisslos
geduldig – anspruchslos
dauerhaft – unnachgiebig
realistisch – einfallslos
arbeitsam – übereifrig

Als Beispiel für einen freiheitsliebenden Typ oder Einsiedler könnten wir uns die Figur des Horst Schimanski aus der ARD-Serie »Tatort« vorstellen. Schimanski ist ein Einzelgänger, der am liebsten allein arbeitet. Er ist sachbezogen und zielstrebig, bis hin zur Ausschließlichkeit. Er ist ein loyaler Freund und setzt sich heldenhaft für die Dinge und Menschen ein, die ihm am Herzen liegen. Ihn als Freund an seiner Seite zu haben, ist erstrebenswert, aber wehe dem, der seinem Gerechtigkeitssinn in die Quere kommt.

Der Freiheitsliebende braucht viel Zeit, um seine Lebensbatterien in Einsamkeit oder im engsten Familienkreis aufzutan-

ken. Er ist kein Party-Typ, meidet große Menschenansammlungen und arbeitet lieber mit seinen Händen im Garten.
Körperliche Arbeit ist für ihn Erholung, denn er liebt es, wenn
er fassbare, materielle Ergebnisse aufweisen kann. Wenn ein
Einsiedler Sie einmal als seinen Freund in sein Herz geschlos-
sen hat, haben Sie ein Leben lang jemanden, der für Sie durchs
Feuer geht. Sie können ihm grundsätzlich vertrauen, denn bei
ihm gilt: »Ein Mann, ein Wort.«

Dies stimmt ebenso für seine emotionalen Partnerbezie-
hungen. Seine Familie ist der Mittelpunkt seines Lebens. Auf
seine Loyalität können Sie jederzeit bauen. Launenhaftigkeit
liegt ihm fern, seine Reaktionen sind berechenbar. Er erträgt
viel Kummer und Stress, was er aber nicht so schätzt, sind
menschliche Schlingpflanzen, die sich an ihn heften und ihn
in seiner Bewegungsfreiheit behindern. Auch hat er Mühe,
seine Gefühlsregungen in Worte zu kleiden. Wenn Sie ihn
einmal mit Unaufrichtigkeit oder Illoyalität enttäuscht haben,
werden Sie es mit ihm schwer haben, denn diese Dinge vergisst
er nicht so schnell.

Wenn sich beim Einsiedler diese Eigenschaften ins Unange-
nehme steigern, wird er schwerfällig und unflexibel. Neue
Menschen, neue Orte, neue Tätigkeiten werden immer mehr
ein Problem für ihn. Er kann müde und träge werden, und das
Leben mit ihm wird langweilig, weil er sich auf nichts mehr
einlassen möchte, was er nicht kennt. Anregungen und Anrei-
ze fehlen, und er versinkt in einem Morast von Verpflichtun-
gen und alten Loyalitäten.

Abdrücke von freiheitsliebenden Linien:

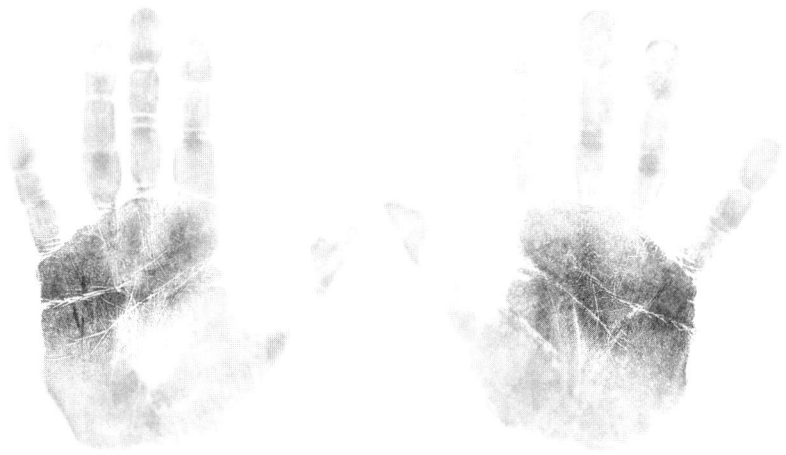

Das Große Herz

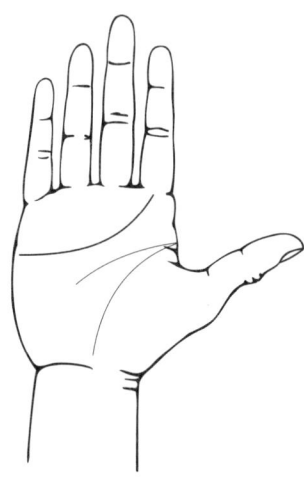

Die Große-Herz-Linie verläuft von der Außenkante der Hand in einem breiten Bogen bis unter den Jupiter. Diese Herzlinie ist die Längste von allen, da sie nicht nur lang ist, sondern auch geschwungen.

Sie spiegelt das traditionelle Bild der fürsorglichen Mutter wider, die Verletzungen verzeiht und immer verständnisvoll ist. Die Herausforderung besteht darin, auch den eigenen Bedürfnissen gerecht zu werden.

Das Element des Großen Herzens ist das Wasser. Das Wasser ist anpassungsfähig und verändert seine Form je nach seiner Umgebung. Man kann Wasser in eine schmale Vase gießen, man kann es am Boden ausleeren, und wenn kein Abfluss vorhanden ist oder Bewegung aufkommt, dann dehnt es sich großflächig aus. Wasser kann stark sein und sich einen Weg durch Gestein bahnen. Wasser ist lebensnotwendig. Wasser kann ein sanftes, beruhigendes Plätschern sein oder sich zu einem Tsunami aufbauen, der alles, was sich ihm in den Weg stellt, niederwalzt. Wasser geht den Weg des geringsten Widerstandes. Wasser kann man einfrieren oder kochen.

Die Eigenschaften, die zu einem Wasser-Typ gehören, können folgende sein:

anpassungsfähig – angepasst
flexibel – beeinflussbar
emotional – schmalzig
fürsorglich – klebrig
warmherzig – huldvoll
mitfühlend – schwärmerisch
guter Zuhörer – selbstverleugnend
einfühlsam – wohlmeinend
verständnisvoll – ohne eigene Meinung
sensibel – empfindlich
fantasievoll – träumerisch
kontaktfreudig – vertrauensselig
intuitiv – unbewusst
harmoniebedürftig – unverbindlich
empfindlich – überempfindlich
leicht verwundbar – mimosenhaft
idealistisch – wirklichkeitsfremd
gastfreundlich – besitzergreifend

Als Beispiel für den Wasser-Typ sehe ich die Figur der Helga Beimer aus der Lindenstraße, wie sie am Anfang der Serie dargestellt wurde. Mit Leib und Seele kümmert sie sich um ihre Kinder, um ihren »Hansemann« und den Haushalt. Sie ist auch bereit, jeden Not leidenden Menschen aufzunehmen: Ihr ungeliebter Onkel quartiert sich ein, sie übernimmt die Erziehung ihrer Enkeltochter, Freunde ihrer Kinder werden gehegt und gepflegt. Zu ihrer Rolle als Pflegerin und Ernährerin der Familie passt auch das Symbol des Kochens. Wenn es jemandem nicht gut geht, oder um besondere Gelegenheiten zu feiern, werden Maultaschen gekocht. Sie hofft zwar immer wieder auf Unter-

stützung, aber alle haben immer wichtigere Dinge zu tun als ihr zu helfen. Ihr einziger Ausweg scheint die Flucht in die Krankheit zu sein.

Das Große Herz fühlt sich am liebsten mit allen verbunden und ist nicht gerne allein. Am besten spürt es sich, wenn es gebraucht wird. Es hört gerne anderen zu und erteilt weise Ratschläge, wenn es danach gefragt wird. Es tröstet Menschen, pflegt kranke Vögel, nimmt streunende Hunde und Katzen auf. Die Bedürfnisse anderer Menschen stellt es meist über seine eigenen. Es ist glücklich, wenn die anderen um es herum glücklich sind. Es ist sehr gastfreundlich und hat immer Platz für andere in seinem Haus, an seinem Tisch, in seinem Herzen. Alles, was es hat, möchte es auch mit anderen teilen.

Eine Beziehung mit einem Großen Herzen kann ein wundervolles Erlebnis sein, denn das Große Herz verwöhnt und umsorgt seinen Partner und ist glücklich, wenn es sich nach dessen Wünschen richten kann. Der Partner eines Großen Herzens ist deshalb aufgerufen, darauf zu achten, dass das Gleichgewicht zwischen Geben und Nehmen gewahrt bleibt. Das ist keine leichte Aufgabe angesichts des ausgesprochenen Geberinstinkts des Großen Herzens. Das Große Herz sehnt sich nach gefühlsintensiver Verbundenheit mit seinem Partner und seiner Familie. Dieses Gefühl wird dadurch erreicht, dass es für die anderen da ist und etwas für sie tut. Eine gewisse Gefahr besteht darin, dass dies, vor allem von Kindern in der Pubertät, aber auch vom Partner, als ständige Einmischung in ihre Selbstständigkeit und Unabhängigkeit betrachtet werden könnte.

Wenn das Große Herz nicht bewusst auf seine eigenen Bedürfnisse achtet, kann es durch besitzergreifende Fürsorglichkeit seine Familie oder seinen Partner von sich abhängig machen oder selber in eine Abhängigkeit verfallen. Es kann sich ausgenutzt und ungeliebt vorkommen, weil es nicht gelernt hat, sich selber von anderen Unterstützung zu holen. Wenn das Große Herz immer nur gibt und nichts als Gegenleistung zurückerhält, wird es traurig, depressiv und enttäuscht. Es kann ihm auch alles zu viel werden, was sich in gesundheitlichen Problemen wie einem Nervenzusammenbruch oder Herzinfarkt ausdrücken kann.

Abdrücke von Großen Herzen:

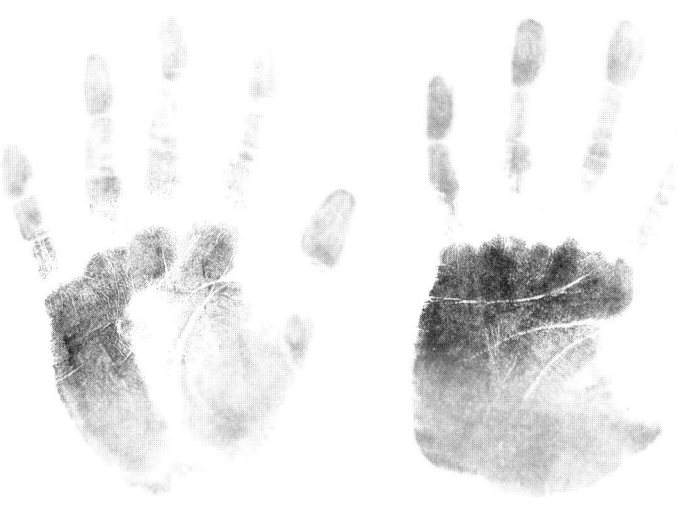

Der Romantische Idealist

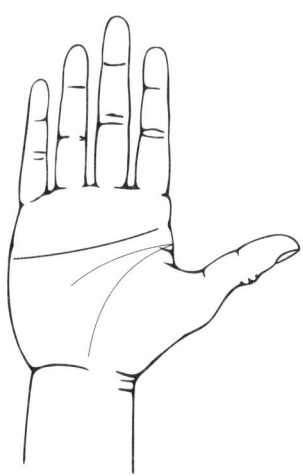

Die Herzlinie des Romantischen Idealisten verläuft gerade von der Außenkante der Handfläche bis weit unter den Jupiter.

Der Romantische Idealist ist ideenreich, experimentierfreudig und neugierig, was im negativen Fall zu Sprunghaftigkeit, Unehrlichkeit und Überheblichkeit führen könnte.

Das Element des Idealisten ist die Luft. Luft ist leicht, trocken und kalt. Sie kann aber auch Feuchtigkeit und Wärme aufnehmen. Ebenso kann sie in kleinere oder größere Bewegung geraten, was sich in einem leichten Wind oder einem heftigen Sturm äußern kann. Sie ist überall, wo nicht etwas anderes ist. Ohne Luft und Sauerstoff gibt es gar kein Leben.

Als einen Luft-Typ bezeichnen wir Menschen, die folgende Eigenschaften zeigen:

neugierig – naseweis
experimentierfreudig – sprunghaft
ideenreich – träumerisch
wissbegierig – schnüffelnd
mitteilsam – klatschsüchtig
strategisch – berechnend
taktisch – gerissen

schlagfertig – verletzend
redegewandt – überheblich
genau – kleinlich
analytisch – zergliedernd
geistreich – ironisch
wohlüberlegt – kaltblütig
objektiv – gefühllos
praktisch – fantasielos
organisiert – stur
ordnungsliebend – zwanghaft
idealistisch – wirklichkeitsfremd
romantisch – schwärmerisch
wenig spontan – kein Temperament
gerecht – intolerant
verlässlich – zurückhaltend
verständnisvoll – mitleidig
diskussionsfreudig – streitsüchtig

Als Beispiel für einen Luft-Typ fällt mir der Förster Martin Rombach aus der ZDF-Serie »Forsthaus Falkenau« ein. Er ist stets darauf bedacht, dass es allen Familienmitgliedern, seinen Mitarbeitern, überhaupt allen im Dorf gut geht. Er ist rücksichtsvoll und rechtschaffen und denkt darüber nach, wie er seinen Partnerinnen und seinen Kindern gerecht werden kann. Das Gespräch ist dabei ein wichtiges Mittel, um den Dingen auf den Grund zu gehen.

Der Romantische Idealist kann gut mit Wort und Schrift umgehen und wird deshalb oft Journalist, Schriftsteller, Lehrer, Verkäufer, denn er liebt es, mit anderen zu kommunizieren. Er ist gesellig, interessiert sich für andere Menschen und dafür, wie sie fühlen und denken, und ist ständig auf der Suche nach neuen Ideen und Projekten. Dabei stellt er sich idealistisch und romantisch vor, wie eine Idee oder ein Projekt verwirklicht werden könnte und ist oft von der Wirklichkeit enttäuscht. Er kann sich schlaflose Nächte machen, weil er über unwichtige Dinge nachdenkt, die andere kaum beunruhigen würden. Weil es für ihn wichtig ist, auf andere Rücksicht zu nehmen, wird er über eine eigene Bemerkung oder die eines anderen tagelang grübeln und sie zu verstehen suchen.

Als Partner denkt er über seine Beziehung nach und möchte sie für den anderen so gut wie nur möglich gestalten. Dabei wird er sogar seine eigenen Bedürfnisse in den Hintergrund stellen. Er glaubt, dass man alle Konflikte und Probleme durch Gespräche lösen kann und fühlt sich schnell unfair und ungerecht behandelt, wenn sein Partner so nicht auf ihn eingehen möchte. Da der Luft-Typ Schwierigkeiten hat, seine eigenen Gefühle zu spüren, kann er auch nicht nachvollziehen, was andere Menschen in gewissen Situationen fühlen. Wenn sein Partner nicht wie er ein Luft-Typ ist, nützt es ihm wenig, dass er gut kommunizieren und diskutieren kann. In einer Krise erscheint ein Lufttyp ruhig und gelassen, weil er über eine Lösung nachdenkt. Er wird lieber Vorschläge machen als selber handeln.

Wenn luftige Eigenschaften überbetont werden, könnte ein Lufttyp oberflächlich, abgehoben und kühl distanziert erscheinen. Er geht keine tiefen Beziehungen ein, weil er sich nicht festlegen will, und es fällt ihm immer schwer, Entscheidungen zu treffen, weil er zu viel über alle Möglichkeiten und Konsequenzen nachdenkt. Er wird über die Probleme der anderen nachdenken und für diese die Verantwortung übernehmen, obwohl sie mit ihm nichts zu tun haben, und dabei seine eigenen Bedürfnisse vernachlässigen.

Abdrücke von Romantischen Idealisten:

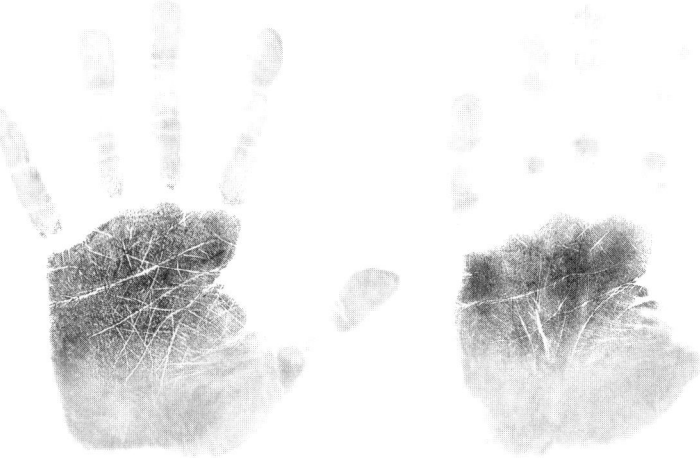

Zusammenfassung der Herzlinien

Name	Element	Plus	Minus
Der Leidenschaftliche	Feuer	leidenschaftlich, temperamentvoll, energisch, begeisterungsfähig	triebhaft, unüberlegt, hart, beherrschend, egozentrisch
Der Freiheitsliebende	Erde	loyal, zuverlässig, praktisch, pünktlich, bodenständig	langsam, schwarz/weiß, unnachgiebig, einfallslos
Das Große Herz	Wasser	anpassungsfähig, gefühlsbetont, fürsorglich, mitfühlend	beeinflussbar, unverbindlich, besitzergreifend, empfindlich
Der Romantische Idealist	Luft	experimentierfreudig, wissbegierig, redegewandt, geistreich	berechnend, zwanghaft, oberflächlich, wirklichkeitsfremd

4 – Kopflinien

Die Kopflinie befindet sich in der Mitte der Handfläche und verläuft von einem Punkt oberhalb des Daumens in Richtung äußere Handkante.

Die Länge der Kopflinie

Die Länge der Kopflinie sagt etwas über den Denkprozess aus. Je länger eine Linie ist, desto mehr Zeit verbringt man in dem Gebiet, über das die Linie Auskunft gibt.

Die lange Kopflinie

Wenn Sie eine lange Kopflinie haben, neigen Sie dazu, alles zu hinterfragen und bei einer Entscheidung alle Möglichkeiten und Wege gegeneinander abzuwägen. Sie haben ein aktives Gehirn, das lange und erschöpfend über ein Problem nachdenkt. Bevor Sie handeln, werden alle Möglichkeiten geprüft. Eine solche Haltung kann lähmend wirken und ist für Kurzentschlossene in Ihrem Umfeld eine Qual. Ihre Herausforderung ist es, sich nicht im Labyrinth der Möglichkeiten zu verlieren, sondern möglichst rasch eine Entscheidung zu treffen.

Abdrücke von langen Kopflinien:

Die Simianfalte und der Supercomputer

Die Simianfalte ist eine Linie, die in der Mitte der Hand von einer Handkante zur anderen verläuft, sie buchstäblich in der Mitte trennt. Meistens fehlen dann Herz- und Kopflinie, und Sie sehen nur diese eine Linie. Die Erklä-

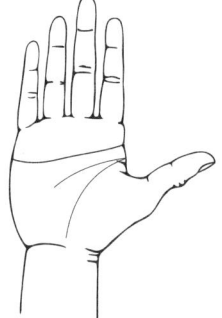

rung zu diesem Begabungszeichen finden Sie auf Seite 118 im Kapitel »Begabungszeichen«.

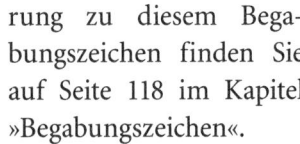

Dort, auf Seite 124, finden Sie auch die Erklärung für die superlange Supercomputerlinie, ein weiteres Begabungszeichen.

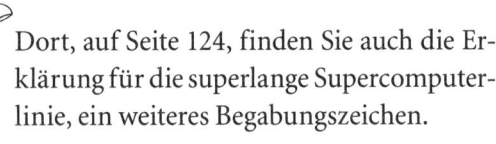

Die kurze Kopflinie

Die Länge der Kopflinie informiert uns nicht über die Qualität einer Entscheidung. Wenn Sie eine kurze Kopflinie haben, dann sind Sie kurzentschlossen und denken nicht allzu lange über Entscheidungen nach, die Sie treffen müssen. Eine solche Art zu entscheiden kann positiv oder negativ sein. Sie können instinktiv und spontan Entscheidungen fällen, die sich als richtig oder falsch erweisen. Menschen mit kurzen Kopflinien sind mehr »Macher« als »Denker«. Sie denken eher in Schwarz/Weiß-Schemen als differenziert und kompliziert. Sie ziehen weniger Möglichkeiten in Betracht als Menschen mit längeren Kopflinien, dafür brauchen sie auch nicht so lange, um Lösungen zu finden. Die Herausforderung für einen Menschen mit einer kurzen Kopflinie ist es, nicht nur die erstbeste Lösung in Betracht zu ziehen, sondern sich nach mehreren Möglichkeiten umzusehen.

Abdrücke von kurzen Kopflinien:

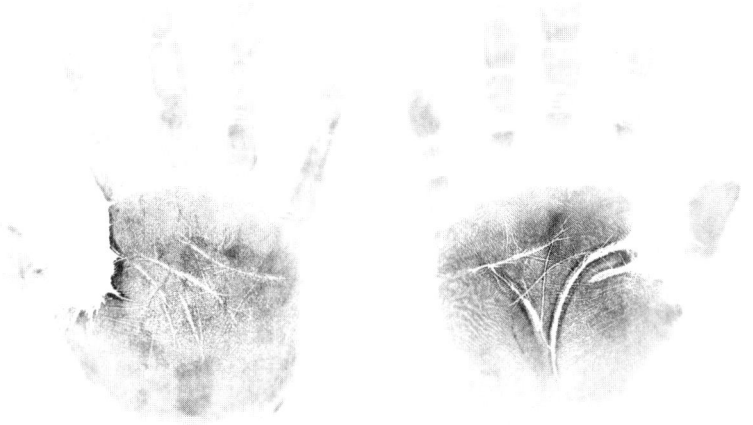

Der Ursprung der Kopflinie

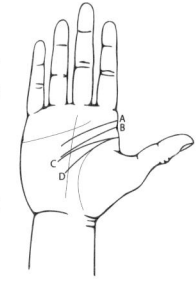

Da die Lebenslinie Ihre Wurzeln darstellt, auch Ihre Verbundenheit mit Ihrer Ursprungsfamilie und / oder Ihrer jetzigen Familie, gibt die Beziehung des Anfangs der Kopflinie zum oberen Ursprungspunkt der Lebenslinie Ihnen Auskunft darüber, wie traditionsgebunden oder unabhängig Ihr Denken ist.

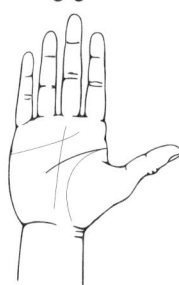

Die meisten Kopflinien berühren kurz die Lebenslinie und verselbstständigen sich dann (Linie C oben). Ihr Leben wird nicht von der Familie bestimmt, sie gibt Ihnen aber Wärme, Kontinuität und ein Zuhause. Hier geht es um den Ursprung der Kopflinie, nicht um deren Verlauf, den wir später in diesem Kapitel behandeln.

Abdrücke von »normalen« Kopflinien (C):

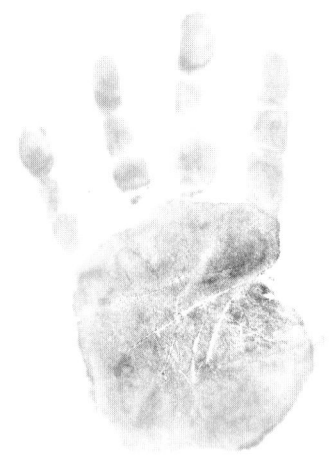

Die eigenwillige Kopflinie

Betrachten Sie auf der links stehenden Zeichnung die Linie A. Der Abstand zwischen dem Ursprung der Kopflinie und dem Ursprung der Lebenslinie ist so groß, dass kaum noch eine Beziehung zur Familie, zu den Wurzeln besteht. Wenn Sie eine solche Kopflinie haben, waren Sie wohl schon als Kind unabhängig in Ihrem Denken. Ihr trotziger Dickkopf dürfte Ihren Eltern und Lehrern man-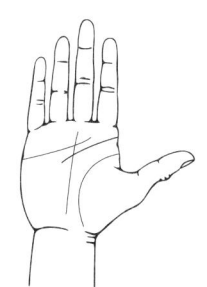
che schwere Stunde bereitet haben. Auch heute noch gibt es sicher Menschen, die Ihnen Starrköpfigkeit und Eigensinn vorwerfen. Selber werden Sie sich vielleicht eher als eigenwillig und unabhängig bezeichnen. Weil der Ursprung der Kopflinie auch nahe dem Jupiter liegt, werden Sie wahrscheinlich auch durch gesunden Ehrgeiz und Führungsqualitäten geprägt.

Abdrücke von eigenwilligen Kopflinien:

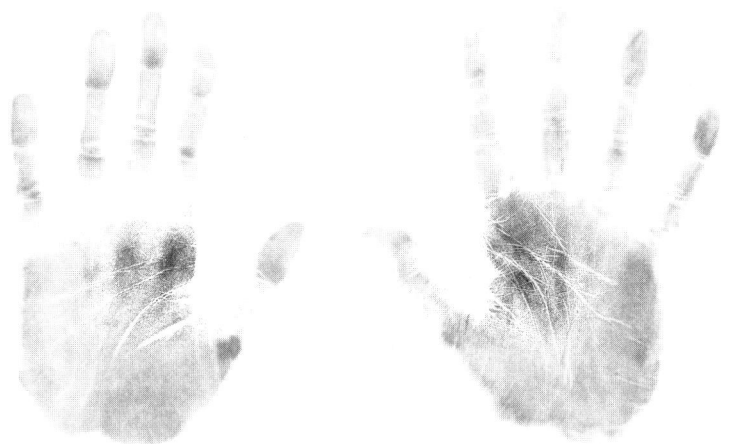

Die unabhängige Kopflinie

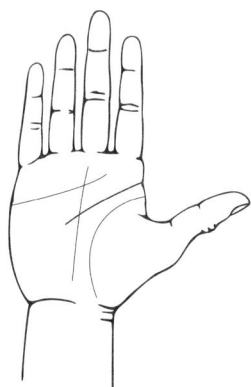

Wenn der Ursprung der Kopflinie weniger weit von der Lebenslinie entfernt liegt (Linie B) haben Sie wahrscheinlich mit den Traditionen Ihrer Ursprungsfamilie wenig am Hut. Auch haben Sie nicht unbedingt Streit mit ihr, aber sie wird keine große Rolle in Ihrem heutigen Leben spielen. In Ihrer Partnerschaft werden Ihnen Eigenständigkeit, Freiheit und Unabhängigkeit wichtig sein. Sie sind freiwillig in einer Beziehung, niemand darf Sie anbinden wollen, sonst werden Sie bald die Koffer packen.

Abdrücke von unabhängigen Kopflinien:

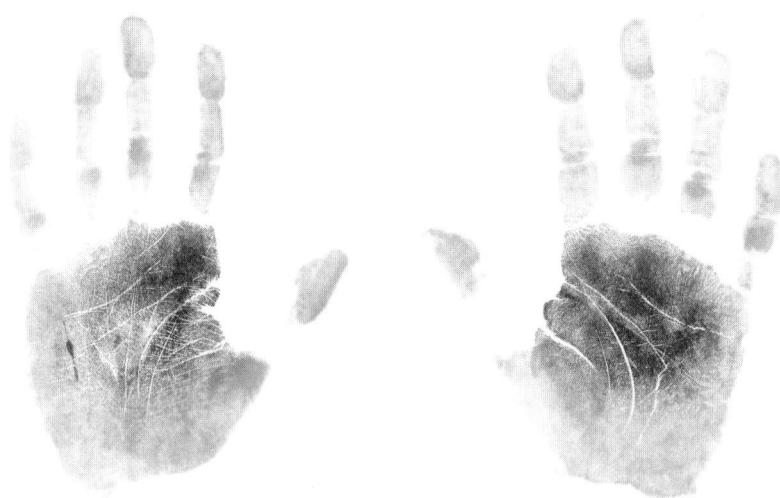

Die familienverbundene Kopflinie

Wenn hingegen die Kopflinie und die Lebenslinie lange miteinander verbunden sind (Linie D), dann sind Sie wahrscheinlich übermäßig stark mit Ihrer Familie und deren Traditionen verbunden. Sie werden im Leben große Mühe bekunden, eigene Projekte anzupacken oder Führungsaufgaben zu übernehmen. Alle Ihre Entscheidungen werden vom Urteil Ihrer Familie abhängig sein.

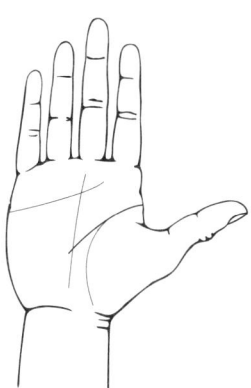

Abdrücke von familienverbundenen Kopflinien:

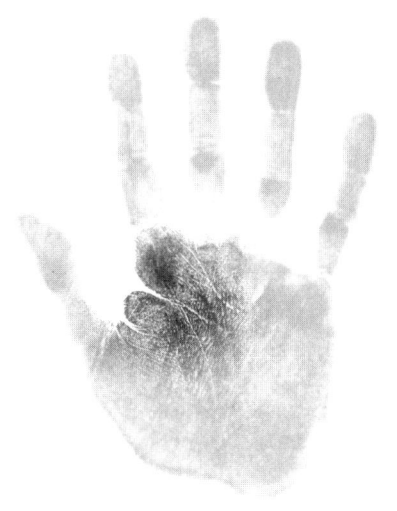

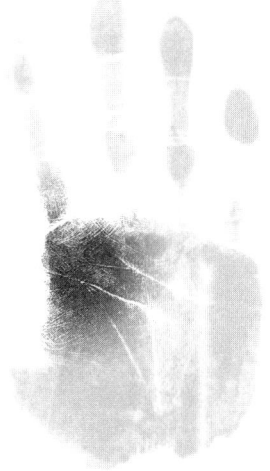

Hier ein Beispiel einer Frau, die von ihrer Mutter und ihren Geschwistern fast »aufgefressen« wird.

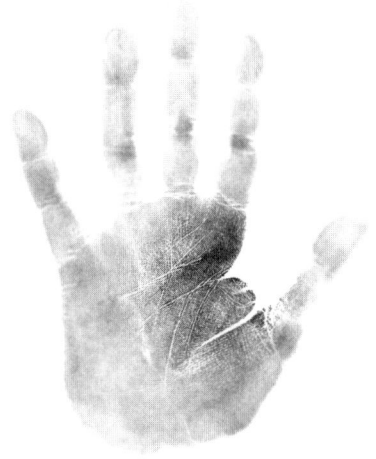

Verlauf einer Kopflinie

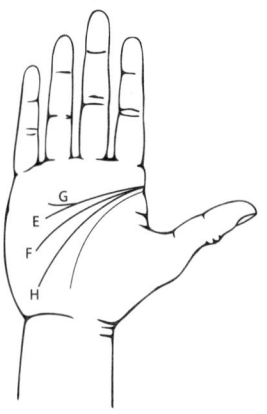

Auf der nebenstehenden Grafik ist erkennbar, dass eine Kopflinie nicht nur unterschiedliche Ursprungspunkte haben kann, sondern auch verschiedene Verläufe.

Die schnurgerade Kopflinie

Wenn Sie eine gerade Kopflinie (Linie E) Ihr Eigen nennen, dann sind Sie ein Mensch, der logisch, objektiv und analytisch denkt. In Ihrer Entscheidungsfindung denken Sie gradlinig und zielgerichtet, ohne Umschweife, präzis.

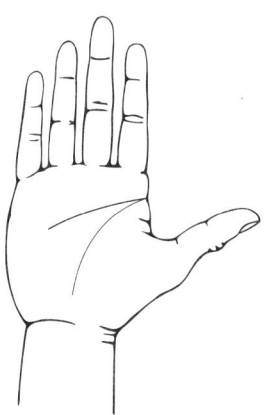

Abdrücke von geraden Kopflinien:

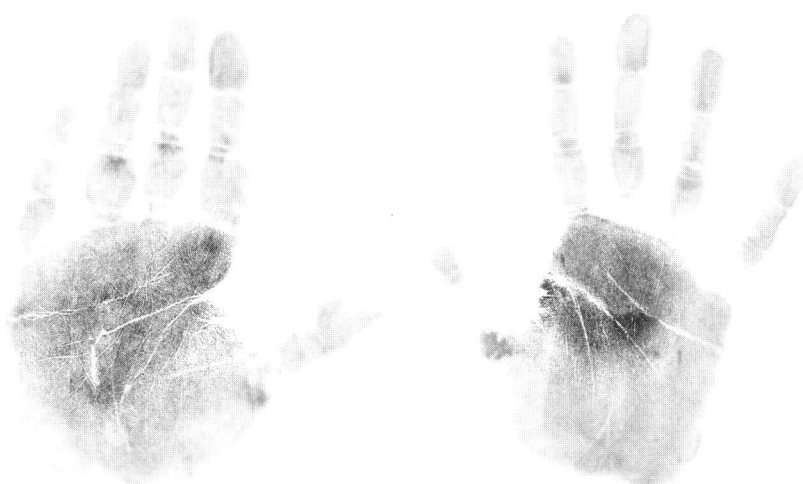

Die geschwungene Kopflinie

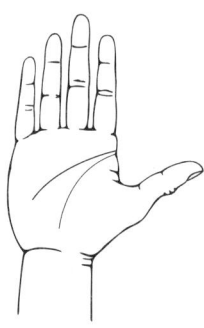

Bei einer geschwungenen Kopflinie (Linie F) sind Ihre Denkprozesse kreativ orientiert. Ihre Denkweise ist subjektiv, fantasievoll, intuitiv. Je länger Ihre Kopflinie ist, das heißt, je mehr sie auf den »Mond« zusteuert, desto fantasiereicher und kreativer sind Ihre Entscheidungsfindungsprozesse.

Abdrücke von geschwungenen Kopflinien:

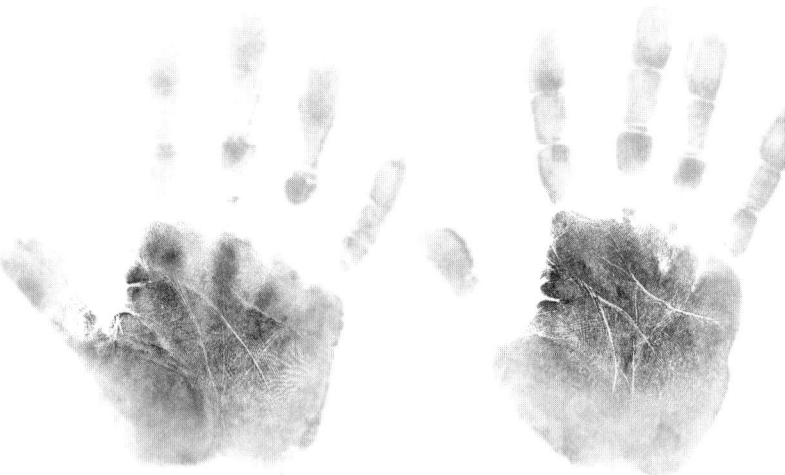

Der messerscharfe Verstand

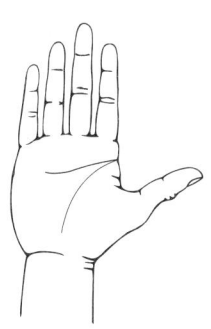

Wenn eine meist gerade, logische Linie am Ende kurz die Richtung wechselt und nach oben zeigt (Linie G), zeugt sie von einem messerscharfen Verstand. Meist ist eine solche Linie Teil einer Gabelung. Wenn Sie so eine Linie haben, sind Sie fähig, schnell den Kern eines Problems oder den Angelpunkt einer Aufgabe zu sehen und Lösungen vorzuschlagen. Dabei können Sie manchmal fast rücksichtslos wirken. Versuchen Sie trotz Ihrer klaren Meinung, auf die Feinheiten einer Angelegenheit einzugehen, die Gefühle der anderen Beteiligten zu berücksichtigen und nicht in Sarkasmus zu verfallen.

Abdrücke des messerscharfen Verstandes:

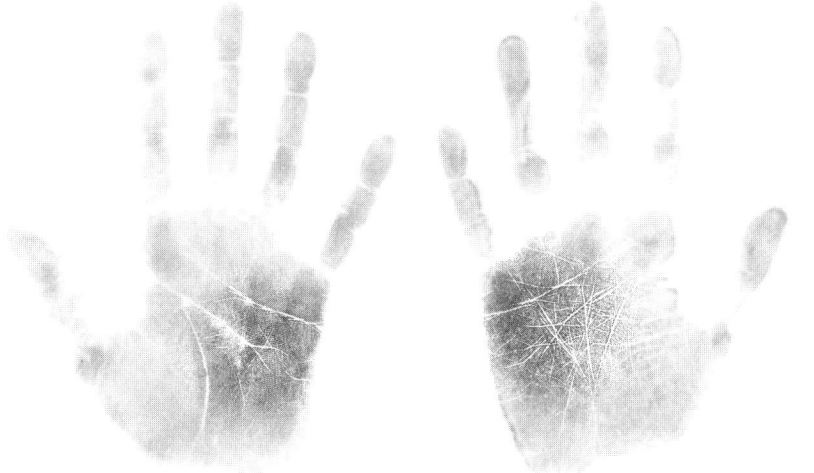

Persephone

Eine sehr lange, geschwungene Kopflinie (Linie H) gehört zu den Begabungszeichen und wird im Kapitel »Begabungszeichen« auf (Seite 147) behandelt.

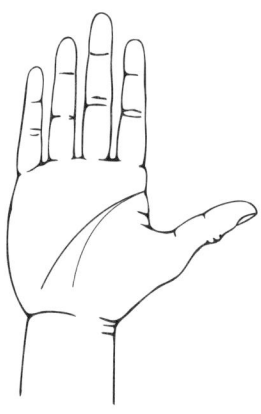

Zusammenfassung der Kopflinien

Lange Kopflinie	denkt lange nach, prüft viele Möglichkeiten
Vereinte Herz-/Kopflinie	Begabungszeichen – Simian: Intensität / Fehlkommunikation
Kopflinie bis Handrand	Begabungszeichen – Supercomputer: Problemlöser/Langeweile
Kurze Kopflinie	entscheidet schnell, denkt nicht lange nach
Abstand zur Lebenslinie groß	eigenwillig
Abstand zur Lebenslinie mittelgroß	unabhängig
Kurz mit Lebenslinie verbunden	Standard
Lange mit Lebenslinie verbunden	familien-, traditionsgebunden
Gerade Kopflinie	logisch denkend
Geschwungene Kopflinie	emotional, kreativ denkend
Nach oben schwingend	messerscharf, ironisch
Tief in den Mond schwingend	Begabungszeichen – Persephone: Fantasie / Depression

5 – Lebenslinien

Die Lebenslinie ist die Linie, die sich vom Ansatz des Daumens an der Handwurzel um den Daumen herum bis unter den Jupiter schwingt.

Es wird allgemein fälschlich angenommen, dass die Lebenslinie die Länge Ihres Lebens bestimmt. Das ist aber erwiesenermaßen nicht so. Die Lebenslinie gibt Auskunft über Ihre Verwurzelung auf dieser Erde. Sie zeigt an, wie gut sie sich in Ihrer Familie, in Ihrem eigenen Körper verankert fühlen.

Die lange, geschwungene Lebenslinie

Eine weit geschwungene und lange Lebenslinie zeugt von einem Gefühl von Beständigkeit, Standfestigkeit und Geborgenheit. Sie haben Urvertrauen und ein Selbstwertgefühl, dessen Basis in Ihrer Kindheit angelegt wurde. Sie haben Lebensenergie, mit der Sie Schicksalsschläge mit Mut und Zuversicht zu meistern verstehen. Ebenso gut können Sie auch Entspannung und Freude genießen. Sie sind ausgeglichen und standfest, schöpfen aus Ihrer eigenen Kraft und können so Anteil an den Sorgen anderer nehmen.

An der Handwurzel können Sie anhand der Klarheit der Lebenslinie erkennen, wie gut Sie mit Ihrer Kindheit zurecht kommen. Vielleicht haben Sie die guten Wurzeln, aus denen heraus Sie das Leben anpacken können, aus eigener Kraft geschaffen. Aber wahrscheinlicher ist es, dass diese aus Ihrer Ursprungsfamilie stammen.

Abdrücke von langen, geschwungenen Lebenslinien:

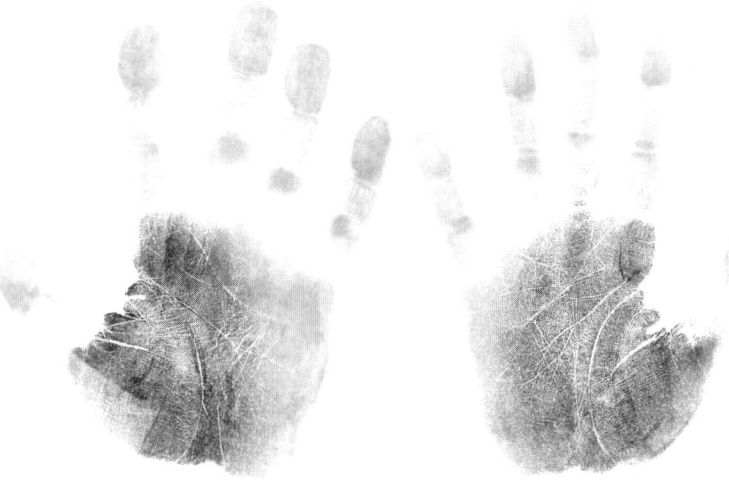

Die kurze, schwache Lebenslinie

Wenn Ihre Lebenslinie weit über der Handwurzel endet oder schwach gezeichnet ist, sind Sie im Leben nicht sehr gut verankert. Sie haben wenig Energie, um über den Alltag hinaus weitere Aufgaben anzupacken. Bereits kleinere Probleme können Sie in arge Bedrängnis versetzen. Kraft können Sie durch eine starke eigene Familie oder einen sicheren Beruf schöpfen.

Abdrücke von kurzen, schwachen Lebenslinien:

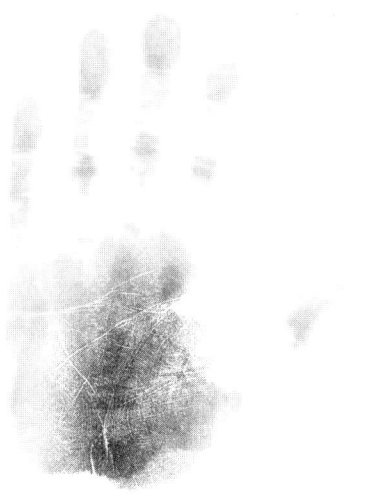

Die unterbrochene Lebenslinie

Eine unterbrochene Lebenslinie weist auf eine Unterbrechung in der Energiezufuhr hin. Große Veränderungen in Ihrem Leben, wie der Tod eines Elternteils oder Geschwisters, Scheidung der Eltern, ein Umzug sind Beispiele solcher Veränderungen.

Unsicherheit, Ungeborgenheit gehen Hand in Hand mit der mangelnden Energie und entfachen Hyperaktivität und Unruhe oder besser gesagt ein »Nicht-zur-Ruhe-kommen-Können«.

Abdrücke von unterbrochenen Lebenslinien:

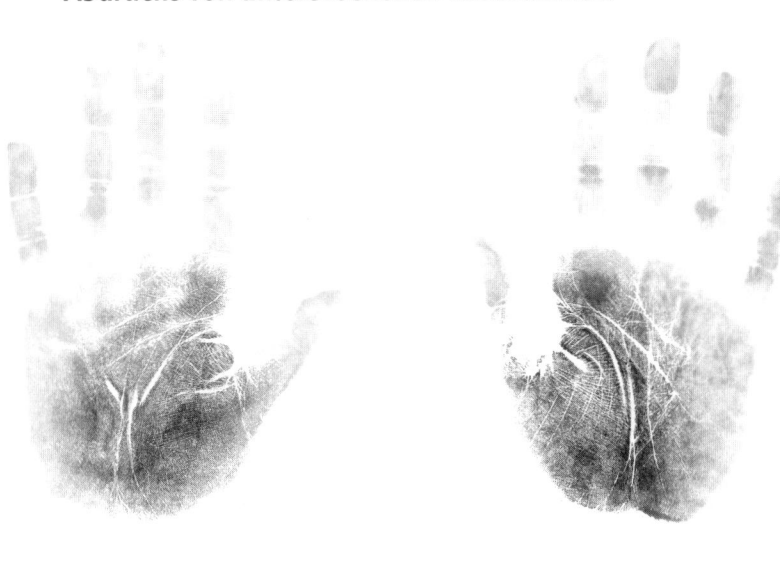

Die doppelte Lebenslinie

Intensität und viel aktive Energie mit der Gefahr, Raubbau an der eigenen Gesundheit zu treiben, kennzeichnen die Menschen mit einer solchen Linie. Wenn Sie in Ihren Händen eine solche Linie erblicken, haben Sie aber auch Stehvermögen und werden nicht so schnell vor Schwierigkeiten zurückweichen oder ihnen aus dem Weg gehen.

Abdrücke von doppelten Lebenslinien:

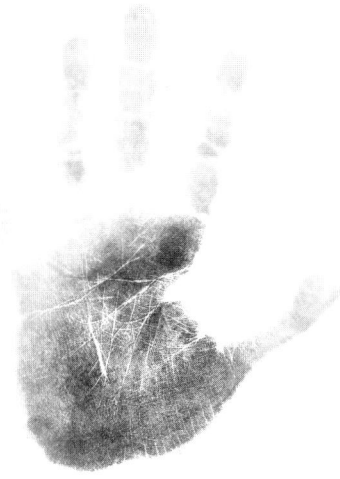

Der Ursprung der Lebenslinien

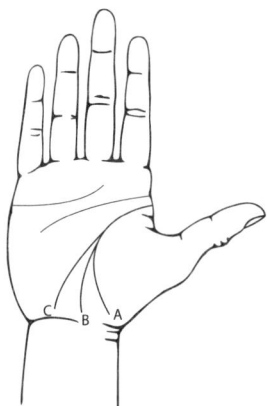

Nahe beim Daumen

Die Sicherheit und Unterstützung Ihrer Familie und Ihres Heimes sind Ihnen das Wichtigste (Linie A). Sie sind nicht sehr

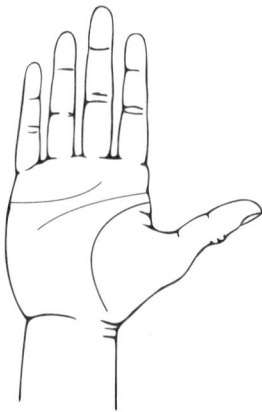

abenteuerlustig und werden keine größeren Wagnisse eingehen, auch gefühlsmäßig nicht. Fraglich ist es, wie sehr Sie an den angenehmen Seiten des Lebens, an der Schönheit der Natur und der Künste, an den kulinarischen und sinnlichen Freuden Gefallen finden können. Ihre vier Wände und die Geborgenheit sind Ihnen wichtiger als die Anteilnahme am Weltgeschehen oder an den Sorgen Ihrer Nachbarn.

**Abdrücke von Lebenslinien
mit Ursprung nahe beim Daumen:**

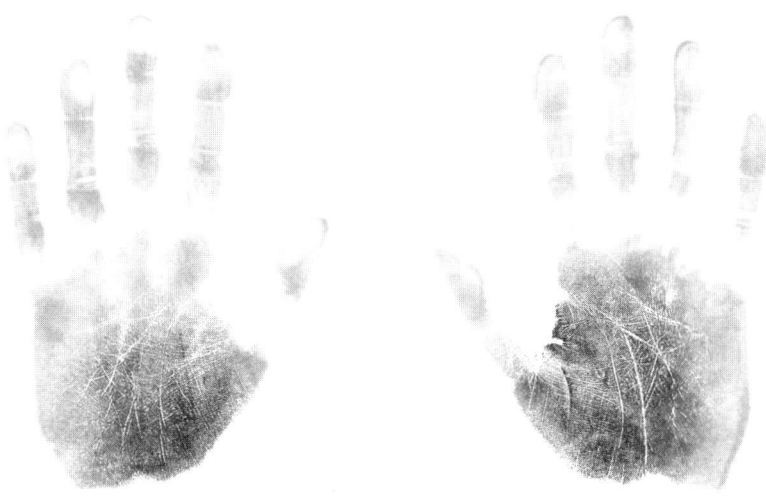

In der Mitte der Handwurzel

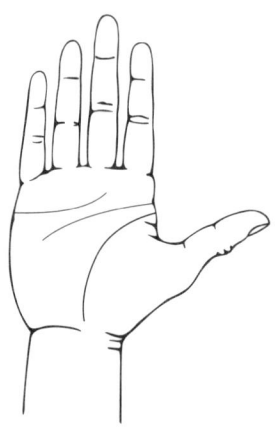

Dieser Ursprungsort der Lebenslinie ist »normal« (Linie B). Sie sind neugierig auf das Leben, gleichzeitig schätzen Sie die Sicherheit und Geborgenheit Ihres Heims. Sie begegnen anderen Menschen mit Offenheit, Liebe und Sympathie, aber Sie selbst und Ihre Familie stehen bei Ihnen im Mittelpunkt.

Abdrücke von Lebenslinien mit Ursprung in der Mitte der Handwurzel:

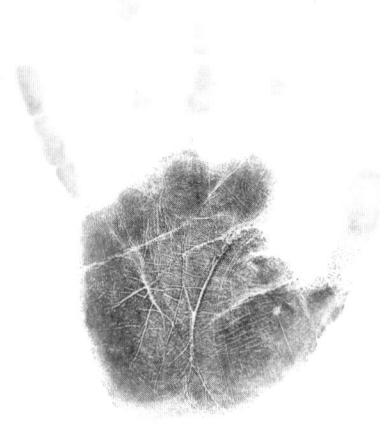

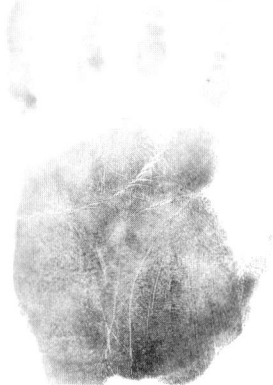

Weit im Mondberg

»Tod in einem fremdem Land« nannten
antike Handleser diese Linie C, und im
übertragenen Sinne stimmt diese Ausle-
gung noch heute. Wenn Sie einen solchen Ursprung Ihrer Lebenslinie haben,
dann sind Sie in jeder Hinsicht abenteuerlustig. Sie haben möglicherweise Ihren Ursprungsort verlassen, wohnen in
einer anderen Stadt oder einem anderen
Land, reisen gerne und sind offen für
neue innovative Ideen. Oft haben Kinder von eingewanderten Bürgern solche
Linien, denn sie gehören zwei Kulturen an.

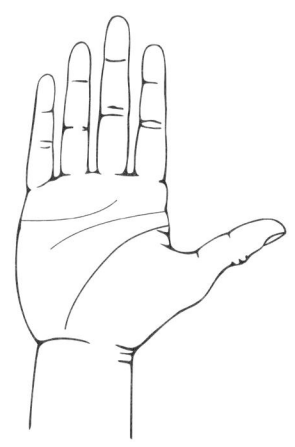

Sie haben einen rastlosen, unabhängigen Geist, der Sie zu
neuen Ufern anspornt, sei es im Beruf oder in Ihrem Privatle-
ben. Sie sollten sich nie mit anderen Menschen vergleichen
wollen oder sich gar nach Regeln richten, die andere für Sie
aufstellen. Darunter würde Ihre Unabhängigkeit leiden. Ihre
Wurzeln finden Sie in sich selber und in Ihrem Instinkt und
Ihrer Fantasie. Suchen Sie Ihren eigenen Weg und auch nach
Möglichkeiten, Ihren Horizont zu erweitern.

Ihr Mitgefühl und Ihre Anteilnahme am Weltgeschehen
und vor allem am Leiden anderer bringt Ihnen Sympathie und
Liebe ein. Sie erlauben Ihnen auch, Ihr Leben voll auszukosten
und gleichzeitig Rücksicht auf andere zu nehmen. Wenn bestimmte Lebensumstände Ihnen den Weg verbauen, zu neuen
Ufern aufzubrechen, können Sie Ihre Fantasie einsetzen und
auf diese Art neue Wege für sich suchen.

Abdrücke von Lebenslinien mit Ursprung im Mondberg:

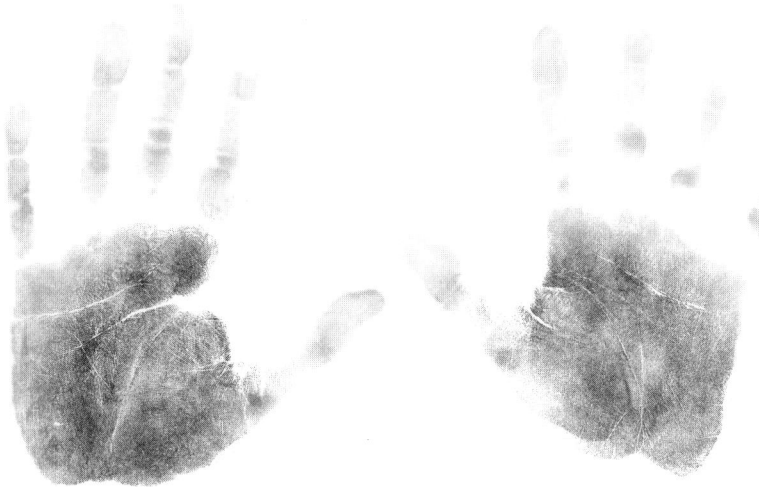

Zusammenfassung der Lebenslinien

Lange, geschwungene Lebenslinie	Beständigkeit, Standfestigkeit, Geborgenheit
Kurze, schwache Lebenslinie	Anker fehlt, wenig Energie
Unterbrochene Lebenslinie	Veränderungen, Ungeborgenheit, Hyperaktivität
Ursprung nahe beim Daumen	sucht Sicherheit, wenig abenteuerlustig
Ursprung zwischen Daumen und Mitte der Handwurzel	Offenheit, Geborgenheit
Ursprung im Mond	Abenteuerlust, Rastlosigkeit, neue Ufer

6 – Saturnlinien

Die Schicksals- oder Saturnlinie verläuft von der Handwurzel in Richtung Saturn. Sie stellt die Lebensaufgabe dar, die Arbeit, den Beruf sowie auch das Verantwortungsgefühl und wie zielgerichtet Sie Ihr Leben angehen.

Wenn die Saturnlinie die stärkste Linie in Ihrer Hand darstellt, deutet sie auf eine starke Persönlichkeit hin, die eine gewisse Kompromisslosigkeit in Bezug auf sich selber und ihre Ziele an den Tag legt. Solche Menschen können aber auch schwierig und stur sein und sich ständig von der Gesellschaft und ihrem Umfeld angegriffen fühlen. Sie sind oft nicht bereit, auch nur einen Millimeter vom erlaubten, gesetzlich oder von sich selbst vorgeschriebenen Weg abzuweichen, und stellen sich in ihrem vorauseilenden Gehorsam oft selbst ein Bein.

Fehlende Saturnlinie

Manchmal fehlt diese Linie ganz. Das kann verschiedene Ursachen haben. Entweder sind Sie tatsächlich ein Mensch, der sein Leben nicht plant und ziellos in den Tag hineinlebt, oder es sind andere Eigenschaften als Verantwortungsbewusstsein, Zielgerichtetheit und Planung, die Ihre Karriere bestimmen.

Diese können zum Beispiel sein: Ehrgeiz, Instinkt und Fantasie, Menschenkenntnis, Klarsicht, Stärke, Energie und Kampflust, um nur einige zu nennen. Um das zu erkennen, muss man andere Zeichen in der Hand studieren, damit sie in das Bild der Persönlichkeit des betreffenden Menschen mit eingebaut werden können. Es ist nie gut, eine einzelne Linie ohne ein Gesamtbild der Hand interpretieren zu wollen.

Oft deuten fehlende Saturnlinien auf Menschen hin, die nicht im Gleichgewicht sind, oder dessen Leben und Beruf sie nicht ausfüllen. Sie haben zwar die Freiheit, das zu tun, was ihnen gerade einfällt und passt, aber sie sind unzufrieden mit sich und ihrem Umfeld.

Abdrücke von fehlenden oder schwachen Saturnlinien:

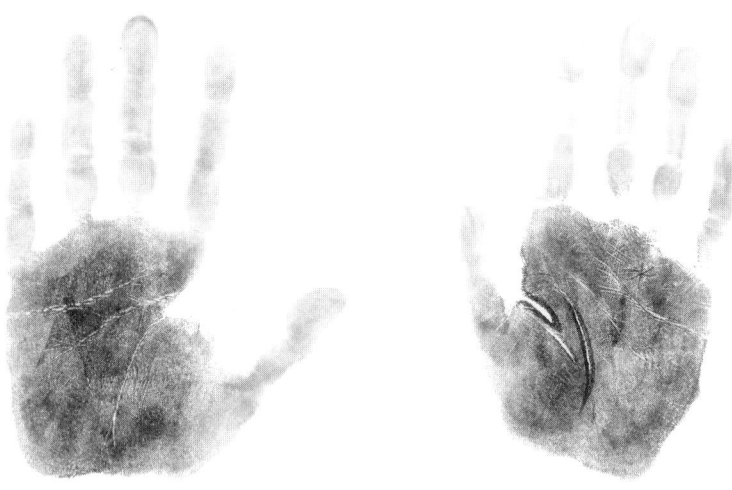

Wenn Sie sehen, dass eine Saturnlinie vorhanden ist, schauen Sie nach ihrem Ursprung und ihrem Ziel.

Der Ursprung der Saturnlinie

Der Ursprung der Saturnlinie kann in der Hand in der Horizontale an verschiedenen Orten liegen.

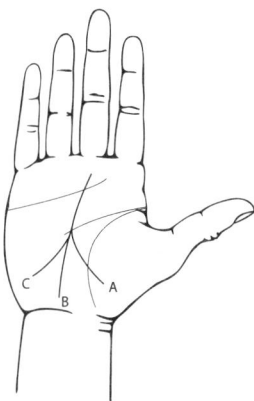

Die Saturnlinie kann aber ihren Ursprung auch erst oberhalb der Handwurzel haben.

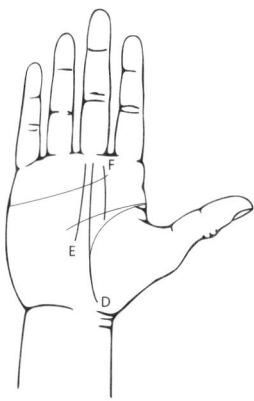

Ursprung innerhalb der Lebenslinie oder in Verbindung mit ihr

Wenn die Saturnlinie innerhalb der Lebenslinie (A) entspringt, oder wenn sie über eine gewisse Strecke mit ihr verbunden ist (D), dann war der Einfluss der Familie bei der Berufswahl stark.

In diesem Fall klingt wahrscheinlich diese Bestimmung durch Tradition und Familie noch immer in Ihrer Einstellung zu Ihrem Beruf nach. Ein solcher Einfluss kann positiv oder negativ gewertet werden. Sie können die Familie als notwendige und angenehme Unterstützung empfinden oder als Kontrollorgan, das Sie nicht Ihre eigenen Fähigkeiten entwickeln lässt. Es stellt dann eine Herausforderung dar, sich nach den eigenen Wünschen und Lebenszielen zu fragen und diese umzusetzen.

Abdrücke von Saturnlinien mit Ursprung innerhalb der Lebenslinie:

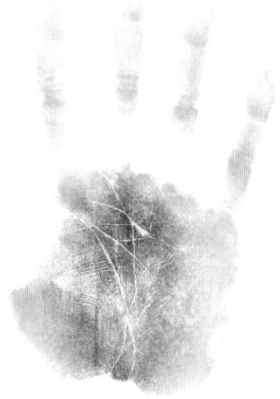

Ursprung in der Mitte der Hand an der Handwurzel

Eine Saturnlinie, die gerade von der Mitte der Hand bis zum Mittelfinger verläuft (B) und deutlich zu sehen ist, gehört einem Menschen, der weiß, was er will und geradewegs darauf zugeht. Er ist in der Lage, sich selbst zu motivieren und auch zu verwirklichen und trägt gerne Verantwortung für sich selbst, für seine Taten und für seine Mitarbeiter und Mitmenschen. Er kann aber auch eine gewisse, fast an Fanatismus grenzende Sturheit und Eingleisigkeit aufweisen.

Abdrücke von Saturnlinien mit Ursprung in der Mitte der Hand:

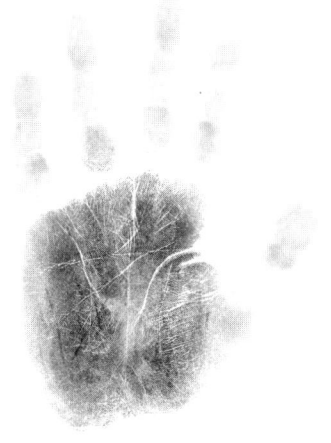

Ursprung im Mondberg

Ein Ursprung im Mondberg (Linie C) deutet auf einen Menschen hin, der seine Karriere und seine Lebensziele auf seiner persönlichen Genugtuung und Freude aufbaut. Es ist das Gegenteil der oben genannten Saturnlinie mit dem Ursprung innerhalb der Lebenslinie. Diese Menschen haben sich von den Wünschen ihrer Eltern abgesetzt und sind eigene Wege gegangen.

Die Linie hat auch etwas damit zu tun, dass Sie gut mit anderen Menschen arbeiten können. Sie begreifen instinktiv, wie Sie mit Menschen, auch mit Publikum, umzugehen haben.

Das Streben nach Spiritualität, die Fügungen des Schicksals, der so genannte »Zufall« spielen in Ihrem Arbeitsleben eine Rolle. Ähnlich wie bei der Lebenslinie, die im Mond beginnt, beeinflussen fremde Länder, Menschen und Sitten Ihr Leben, und Sie streben abenteuerlustig nach neuen Erfahrungen.

Abdrücke von Saturnlinien mit Ursprung im Mondberg:

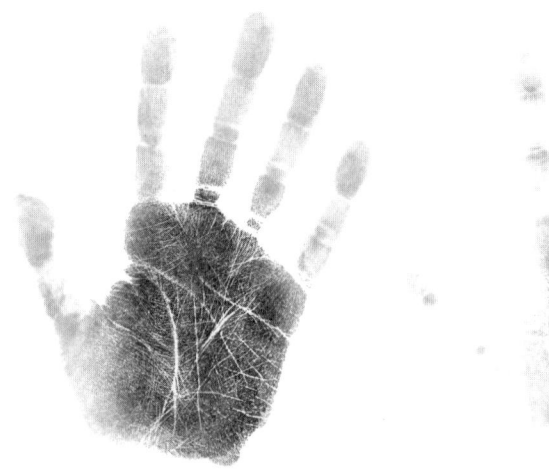
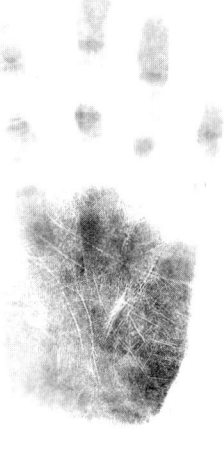

Ursprung hoch oben in der Mitte der Hand

Menschen, bei denen die Saturnlinie erst hoch oben in der Hand, nicht an der Handwurzel beginnt, sind »Spätzünder« (Linie E). Sie wissen lange nicht, welchen Beruf sie wählen sollen. Wenn andere bereits eine Lehre oder ein Studium begonnen haben, schwanken sie noch immer hin und her.

Es fällt ihnen auch schwer, den Sinn für ihre Leistung zu sehen oder ein Ziel anzupeilen. Sie brauchen lange, bis sie sich einen Schubs geben können, notwendige Aufgaben anzupacken. Wenn andere eine Arbeit in Gang bringen, machen sie mit, aber es fällt ihnen schwer, etwas zu beginnen. Ebenso schwer fällt es ihnen, Aufgaben zu Ende zu bringen.

**Abdrücke von Saturnlinien mit Ursprung
in der Mitte der Hand:**

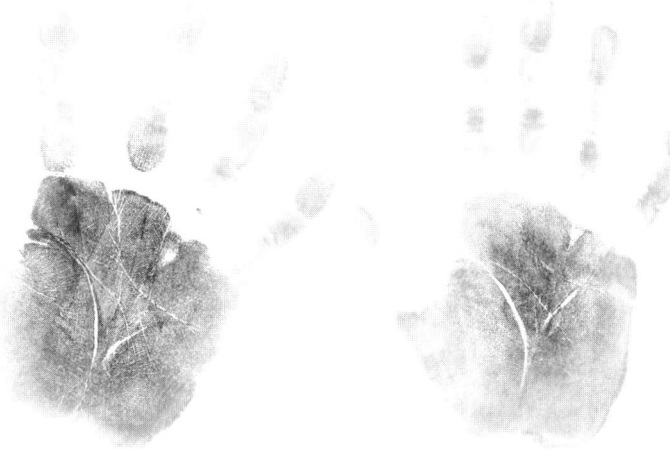

Ursprung hoch oben auf der Lebenslinie

»Ewige Studenten« haben eine Saturnlinie, die hoch oben auf der Lebenslinie beginnt (Linie F). Sie neigen dazu, immer nur lernen zu wollen, und haben eine Hemmung, die sie von der Umsetzung des Gelernten abhält. Unsicherheit ist bestimmt eine Eigenschaft, die einen solchen Einfluss in ihrem Leben hat. Oft ist es eine Frage der Erziehung, dass Menschen nicht genug Selbstvertrauen in ihre angeborenen Fähigkeiten haben, Aufgaben im Leben anzupacken. Es sind oft auch Menschen, die »Experten« mehr vertrauen als ihrem eigenen gesunden Menschenverstand. So müssen sie immer mehr Schulwissen in ihren Kopf stopfen und haben trotzdem nicht das Gefühl, dass sie genug wissen.

Es gilt, den Mut aufzubringen, diese Hemmung zu überwinden und in einen Beruf und ins Leben einzusteigen.

Abdrücke von Saturnlinien mit Ursprung oben auf der Lebenslinie:

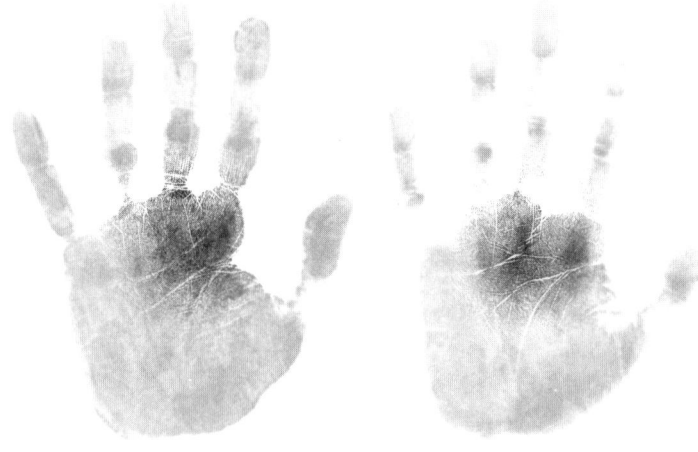

Die Herzlinie stoppt die Saturnlinie

In meiner Praxis sehe ich Saturnlinien, die von der Herzlinie (G) gestoppt werden, eher selten.

Wenn Ihre Saturnlinie von Ihrer Herzlinie gestoppt wird und nicht mehr weiter geht, wird Ihr Beruf von Ihren Gefühlen stark beeinflusst. Herzensangelegenheiten behindern die Zielgerichtetheit Ihrer Karriere und halten Sie davon ab, einmal gesetzte Ziele zu erreichen.

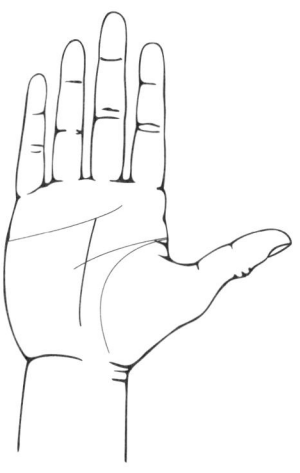

Eine beruflich erfolgreiche Frau, die ihrem Mann in ein fremdes Land folgt, in dem sie ihren Beruf nicht mehr ausführen kann, könnte eine solche Linie aufweisen. Ich kann mir in unserer Gesellschaft immer noch eher vorstellen, dass die Frau dem Mann zuliebe ihre eigene Karriere in den Hintergrund stellt. Diese Linie können Sie aber auch in einer männlichen Hand finden. Schwere Schicksalsschläge, der Tod eines Kindes oder der Partnerin könnten Gründe für eine Unterbrechung im Berufsleben sein oder ein Ende der Karriere bedeuten.

**Abdrücke von Saturnlinien,
die von der Herzlinie gestoppt werden:**

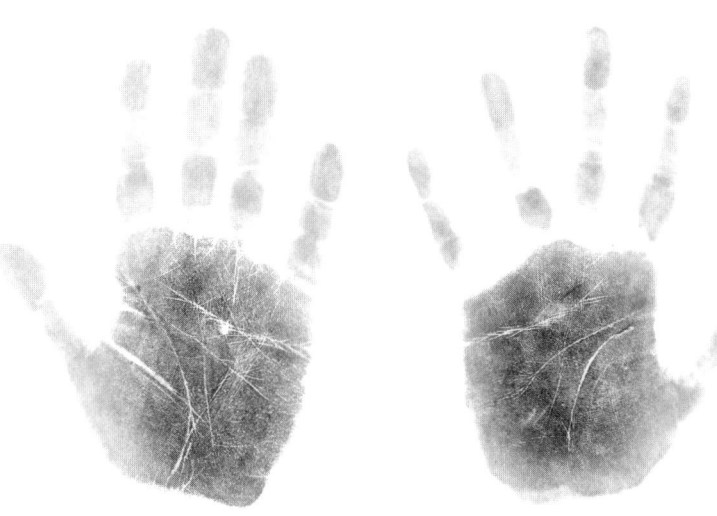

Die Kopflinie stoppt die Saturnlinie

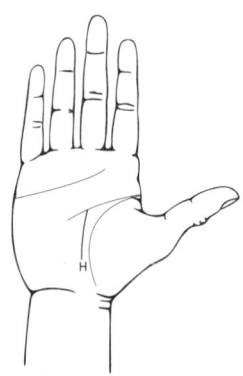

Diese Saturnlinie (H) ist ein Hinweis darauf, dass der alltägliche Trott in Ihrem Beruf Sie langweilt. Das tägliche Einerlei, die vielen Regeln und Wiederholungen, die Einschränkungen durch das System und Gesetze, dies alles lässt Sie in Ihrem Beruf und in Ihrer Entwicklung erstarren.

Menschen mit einer solchen Linie müssten die Stelle wechseln oder, noch besser, sollten sich – wenn immer möglich – selbstständig machen, damit die Herausforderungen an ihre Kreativität und Motivation größer werden. Dazu braucht es Mut, denn ein solcher Schritt beinhaltet Risiken. Aber es ist auch das Risiko, das dem Alltag Würze gibt.

Abdrücke von Saturnlinien, die von der Kopflinie gestoppt werden:

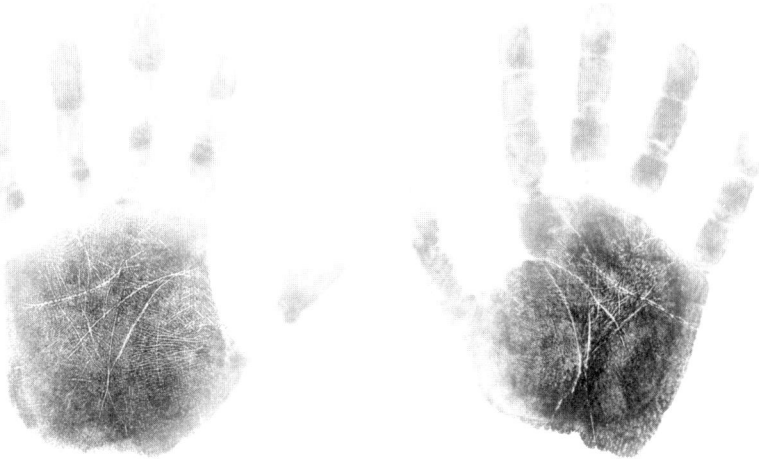

Verlauf der Saturnlinie
oberhalb der Herzlinie

Es ist nicht ungewöhnlich, dass die Saturnlinie ihren Verlauf oberhalb der Herzlinie ändert. Sie kann verschiedene Richtungen annehmen, die mehr oder weniger bedeutungsvoll sind.

Wird die Saturnlinie durch die Herzlinie unterbrochen und hört nicht auf, sondern geht erst mit einem gewissen Abstand in Richtung eines anderen Fingers weiter, deutet dies auf eine große Veränderung in Ihrem Leben hin. Wir können uns einen Zug vorstellen, der auf einem Gleis in einen Bahnhof hineinfährt und nicht mehr weiterfährt. Die Passagiere werden gebeten, ihr Gepäck zu nehmen und in einen Zug zu steigen, der auf einem anderen Gleis steht und in eine andere Richtung fährt.

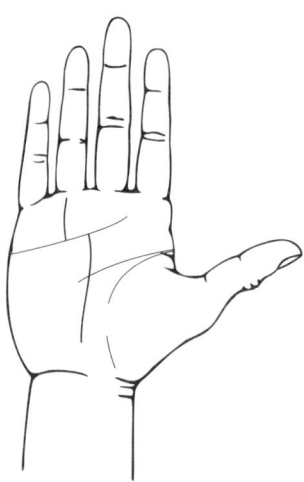

Abdrücke mit Unterbrechung und Richtungsänderung der Saturnlinie:

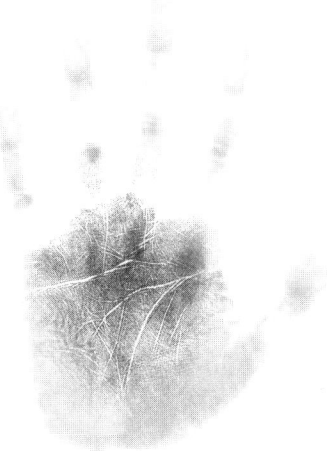 

Richtungsänderung
oberhalb der Herzlinie

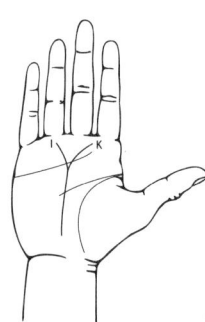

Selten läuft die Saturnlinie durch und ändert oberhalb der Herzlinie die Richtung auf den Apollo (Linie I) zu. In diesem Fall prägen Kreativität und Individualität Ihre aktuelle Arbeit in zunehmendem Maß.

Wenn nun aber die Saturnlinie oberhalb der Herzlinie direkt in Richtung Jupiter (Linie K) abdriftet, werden Sie vom Ehrgeiz angespornt, das gesetzte Ziel zu erreichen. Ihre persönliche Triebfeder und Motivation werden Sie dazu bringen, Ihre ganze persönliche Kraft in eine optimale Leistung einzubringen. Dies wird Ihnen auch eine große Befriedigung geben, wenn Sie Ihr Ziel erreicht haben.

Abdrücke von Saturnlinien, die in Richtung Jupiter gehen:

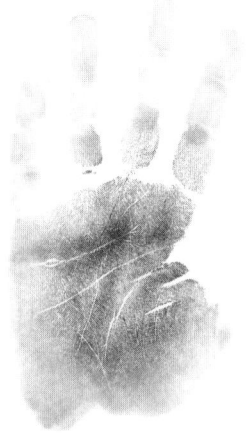
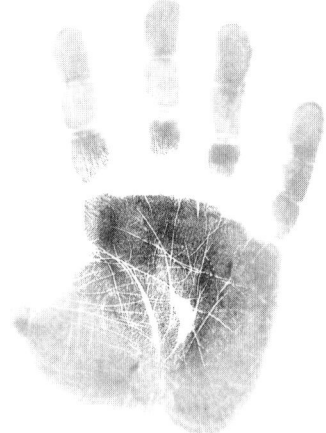

»Drei statt zwei«

Manchmal gibt es statt einer Zweiteilung zwischen Lebens- und Saturnlinie eine Dreiteilung der Linien (L). Wenn Sie drei statt zwei Linien auf Ihrer Handfläche sehen, sind Sie auf der Suche nach dem Sinn Ihres Lebens. Unruhe und ein zeitweiliges Gefühl von Leere prägen Ihre Gefühlswelt. Sie werden sich fragen, wozu Sie geboren wurden und was der Sinn davon ist, dass Sie täglich zur Arbeit gehen. Ich wage zu behaupten, dass die meisten Menschen hin und wieder solche Gedanken hegen, aber in Ihrem Fall gestaltet diese Sinnsuche den Verlauf Ihres Lebens und steht im Mittelpunkt Ihrer Gedanken.

Wichtig für Sie wäre es, eine Mission in Ihrem Leben zu finden. Suchen Sie etwas Idealistisches, etwas Wichtiges, etwas, was anderen Menschen, Tieren oder der Natur hilft. Setzen Sie sich voll ein mit allen Ihren Kräften und Ihrem gesamten Potenzial. Versuchen Sie, Ihren Beruf zu Ihrer Berufung zu machen. Sie werden sicher immer wieder nach dem Sinn Ihres Tuns fragen, aber das Gefühl von Leere wird immer mehr einer Zufriedenheit über das Erreichte weichen.

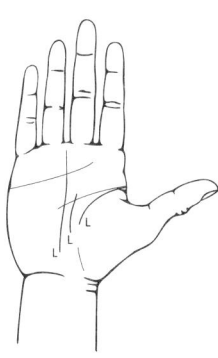

Abdrücke von »Drei statt zwei«:

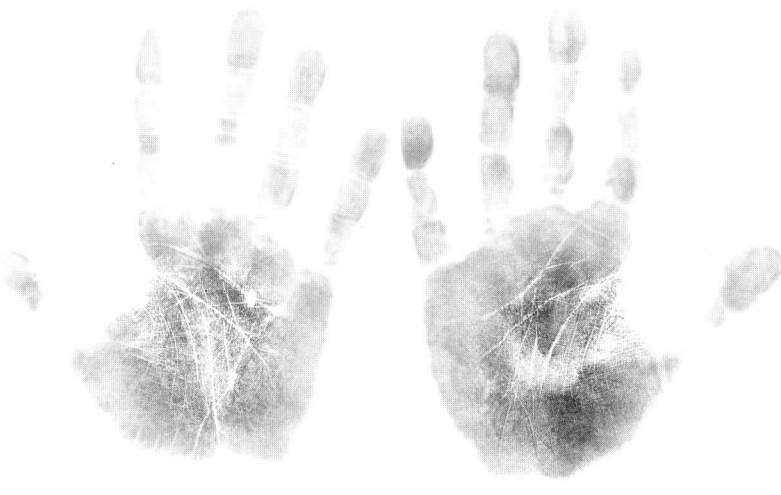

Die doppelte Saturnlinie

Wenn Ihre Saturnlinie über ihre ganze Länge oder auch nur teilweise doppelt verläuft, deutet dies auf mehrere Aufgaben, Karrieren oder Berufe hin, die Sie in Ihrem Leben ausüben. Es ist eine Teilung der Zielgerichtetheit und kann zu Konzentrationsverlust führen. Wenn die beiden Linien nahe beieinander stehen, heißt dies eher, dass sie hart – vielleicht **zu** hart – arbeiten.

Abdrücke von doppelten Saturnlinien:

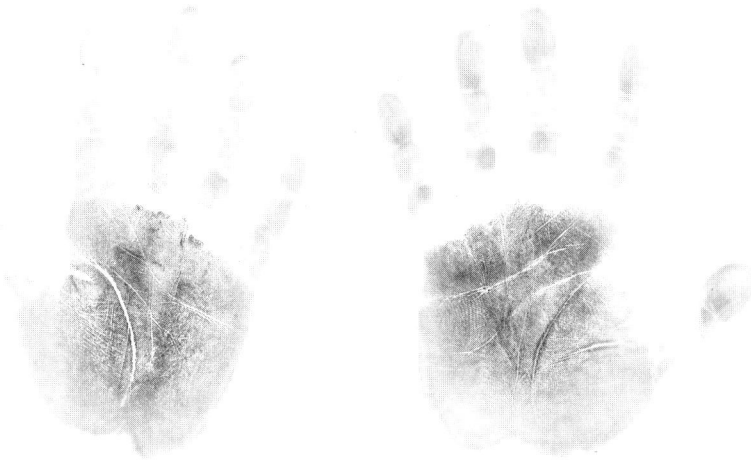

Zusammenfassung der Saturnlinien

Fehlende Saturnlinie	Ziellosigkeit, fehlendes Gleichgewicht
Ursprung innerhalb Lebens-linie oder mit ihr verbunden	starker Familieneinfluss
Ursprung in der Mitte der Hand	Zielgerichtetheit, Verantwortlichkeit
Ursprung im Mond	Freude, Genugtuung, Eigenständigkeit, Zufall
Ursprung hoch oben	Spätzünder
Ursprung auf der Lebenslinie	ewiger Student
Herzlinie stoppt Saturn	Einfluss von Gefühl auf Beruf
Kopflinie stoppt Saturn	Langeweile im Alltagstrott
Saturn verläuft zu Jupiter	Ehrgeiz
Saturn verläuft zu Apollo	Kreativität, Künstler, Individualität
»Drei statt zwei«	Suche nach dem Sinn des Lebens
Doppelte Saturnlinie	mehrere Aufgaben/Berufe, harte Arbeit

7 – Begabungszeichen

Begabungszeichen[5] können besondere Linien, Sterne oder eine Gruppe von Linien sein. Sterne sind mindestens drei Linien, die in einem gemeinsamen Mittelpunkt zusammenkommen. Sie sind wie eine Explosion von Energie an einem bestimmten Ort und bündeln die Energie von drei Linien in einem Punkt. Nicht alle Sterne sind auch ein Begabungszeichen. Darauf gehe ich im Kapitel »Nebenlinien und weitere Zeichen« ein.

Wenn Sie ein Begabungszeichen in Ihren Händen finden, ist es von großer Bedeutung für Ihr Leben. Begabungen sind ein Teil von Ihnen, den Sie vielleicht noch nicht wahrgenommen und als etwas Besonderes erkannt haben. Wenn Sie auf irgendeinem Gebiet begabt sind, müssen Sie sich erst mit anderen messen können, um sich bewusst zu werden, dass Sie begabt sind. Für begabte Menschen ist ihr Talent so zu einem Teil von ihnen selbst geworden, so selbstverständlich wie das Atmen, dass sie lange nicht merken, dass andere Menschen diese Begabung nicht haben.

Etwa 35 Prozent der Menschen, die Handanalysten aufsuchen, haben ein solches Begabungszeichen. Wenn Sie kein

5 Von Richard Unger, dem Leiter des International Institute of Hand Analysis, San Rafael, CA, USA. entwickelt und von Pamelah Tablak Landers, Master Hand Analyst, in ihrem Buch »Gift Markings«, beschrieben

solches Zeichen in Ihren Händen finden, entspricht das der »Norm«. Das heißt aber noch lange nicht, dass Sie keine Begabungen haben. Es gibt andere Zeichen in Ihrer Hand, z.B. Ihren »Lebensabdruck«[6] (auf Englisch »LifePrints«) in Ihren Fingerabdrücken, die auch auf ein bestimmtes Begabungspotenzial hinweisen. Es gibt Menschen, die im Leben Erfolg in einem Beruf haben, den sie durch Zufall oder aufgrund einer Vorbildfunktion eines begnadeten Lehrers oder Elternteils wählen, obwohl er nicht unbedingt ihrem Potenzial entspricht.

Auch andere Faktoren spielen in einem solchen Fall eine Rolle: harte Arbeit, glückliche Zufälle (zur richtigen Zeit am richtigen Ort), Fantasie, ein Instinkt für Menschen usw.

Ihren Begabungen können Sie jedoch nicht einfach als Hobby in Ihrem Leben nachkommen. Wenn Sie ein Begabungszeichen in Ihren Händen haben, müssen Sie die Begabung ins Zentrum Ihres Lebens stellen, sonst fehlt Ihnen in Ihrem Leben etwas. Andererseits reicht die Begabung allein noch nicht. Bekannte Sportler sagen, dass der Erfolg aus zehn Prozent Begabung und 90 Prozent Training, Durchhaltewillen und Ehrgeiz besteht. Guter Wille, Disziplin gepaart mit Freude, am einmal gesetzten Ziel festzuhalten, kann bereits zum Erfolg führen, trotz Rückschlägen und vieler Tränen.

Mein Vater bezeichnete sich selbst oft als den »80-Prozent-Mann«. Er hatte viele Begabungen, und es fiel ihm am Anfang immer leicht, wenn er etwas Neues lernen musste. Aber ihm

---

6 »Lebensabdruck – Was Fingerabdrücke über den Lebensweg verraten« von Richard Unger, erschienen 2008 im Integral Verlag der Verlagsgruppe Random House

fehlten die letzten 20 Prozent, die viel Selbstüberwindung und Selbstdisziplin gekostet hätten, um wahrlich Großes zu erreichen.

Die positiven und negativen Einflüsse Ihres Begabungszeichens wechseln sich ab, auch hier ist ein Mensch äußerst selten nur auf der positiven oder negativen Seite seiner Begabung. Vergessen wir nicht die Gegensätzlichkeit, die Ambivalenz, die Widersprüchlichkeit des menschlichen Verhaltens. Was auf der einen Seite eine Begabung ist, ist gleichzeitig auch eine Herausforderung an Sie, mit der Sie lernen müssen umzugehen.

Das Reine Herz

Begabung: Über eine »Reine Herz«-Linie kann ich nur in der Theorie schreiben. In meiner Praxis und auf meinen Reisen ist mir eine solche noch nie begegnet. Sie gehört zu den seltensten der Begabungszeichen.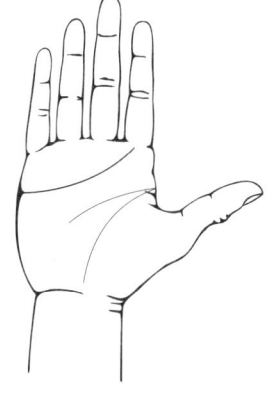

Ein »Reines Herz« ist eine reine »Große Herz«-Linie. Sie schwingt sich von der Handaußenkante bis tief unter den Jupiterfinger und hat keine Inseln, Gabelungen oder Ketten, keine Kreuzungen und herabhängenden Linien, sie ist eben ganz rein.

Als entwickeltes reines Herz spenden Sie bedingungslose Liebe an alle Menschen, retten verletzte Vögel und heimatlose Katzen, nehmen die Menschen so an, wie sie sind, und versuchen nicht, sie zu verändern. Am glücklichsten sind Sie, wenn Sie sich mit anderen Menschen verbunden fühlen, Sie sind echt selbstlos und brauchen wenig für sich selber.

Herausforderung: Ein noch unterentwickeltes reines Herz ist naiv und kann diese Welt, in der Menschen streiten, sich gegenseitig verletzen und Kriege führen, nicht einmal ansatzweise verstehen. Als Reines Herz ist es zwar selbstlos und will von anderen Menschen nichts annehmen, aber im Gegenzug kann es zu Neid und Eifersucht neigen, wenn andere in sein Territorium eindringen. Es gibt und gibt und gibt und will nichts als Gegenleistung, bis es eines Tages nichts mehr geben will. Eine kurze Zeit zieht es sich zurück, aber es kann nicht lange ohne andere Menschen leben, die es verwöhnen kann. So hat es auch Mühe, sich gegen andere abzugrenzen.

Der Weg aus der Klemme: Als »Reines Herz« sollten Sie Ihre eigenen Bedürfnisse nicht vernachlässigen und mindestens einmal in der Woche etwas tun, was Ihnen Freude bereitet: Kino, Ausstellung, Sport, Yoga, Fernsehen, Lesen, ein Spaziergang im Wald.

Für ein Reines Herz habe ich keine Beispiele.

Die Affenfalte oder die Simianlinie

Eine Simianlinie kann sich auf einer oder auf beiden Händen befinden. Meist findet man sie nur auf einer Hand. Liegt sie aber in beiden Händen, ist alles, was ich in den folgenden Absätzen schreibe, noch intensiver als es ohnehin schon ist.

Menschen, die eine Simianlinie haben, wissen meist schon, bevor sie zu mir in die Praxis kommen, dass sie in ihren Händen eine Besonderheit haben. Eine Simianlinie fällt jedem Menschen, der seine Hand mit anderen vergleicht, auf, weil sie so offensichtlich ist. Wie wir gesehen haben, haben die meisten Menschen zwei getrennte Linien als Kopf- und Herzlinien. Bei der Simianlinie fallen die Qualitäten der getrennten Gefühle und Gedanken zusammen und bilden nur eine Linie, die in der Mitte 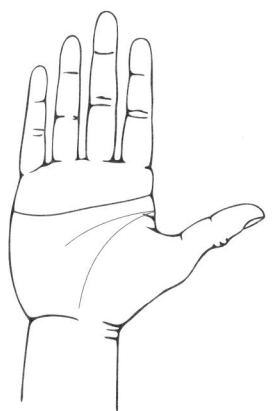 der Hand von einer Seite der Handfläche zur anderen verläuft. Mit anderen Worten: Ein Simian denkt mit dem Herzen und fühlt mit dem Kopf. Er kann nicht unterscheiden, ob es sein Kopf ist, der ihm sagt, was er zu tun hat, oder ob es sein Gefühl ist, das ihn in seinen Entscheidungen beeinflusst.

Ein Simian kann Bruchstücke oder gar eine ganze Herz- und/oder Kopflinie zusätzlich zeigen. Je nachdem, welche zusätzliche Linie vorhanden ist, bringt sie auch eine gewisse Herz- oder Kopfenergie mit. Die Linie selber kann auch in Bruchstücken verlaufen. Liegt sie hoch in der Hand unter den Fingern auf der Höhe einer Herzlinie, so nennen wir sie eine emotionale, eine »Gefühls«-Simian. Wenn sie tiefer wie eine Kopflinie verläuft, nennen wir sie eine kognitive oder »Kopf«-Simian.

Begabung: Diese Verschmelzung von Kopf- und Herzenergie unterscheidet natürlich einen Simian von seinen Mitmenschen. Oft wird er falsch verstanden, oder er versteht andere nicht. Wenn ein »Kopf«-Simian jemandem mit viel Gefühl etwas sagt, kann dies beim anderen durchaus als kalt, schnodderig und gefühllos ankommen. Wenn sich der Simian einmal dieser Tatsache bewusst ist, kann er dem entgegenwirken, indem er bei sich anbahnenden Missverständnissen nachfragt: »Bitte sage mir, wie du das verstanden hast, was ich gesagt habe.« Dadurch kann er falsch verstandene Gefühle von Anfang an auf eine sachliche Ebene bringen.

Wenn man einmal die Sprache eines Simian verstehen gelernt hat, ist es durchaus positiv zu bewerten, weil man immer weiß, woran man ist. Ein Simian sagt, was er denkt, klar und deutlich. Da gibt es keine Umwege.

Wenn Sie sich der Besonderheit Ihrer Begabung als Simian bewusst sind und als Meister Ihres Faches handeln, sind Sie ein unermüdlicher Arbeiter, der alles mit einer unglaublichen Energie, eindringlich und gründlich, anpackt. Sie sind von einzigartigem Ideenreichtum und Kreativität getrieben und ruhen selten, wenn Sie mitten in einem Ihrer vielen Projekte stecken.

Ein Simian versteht oft nicht, dass nicht alle so hartnäckig arbeiten und an einer Sache dranbleiben können wie er. Er kann sich ausgenutzt vorkommen, weil er Überstunden leistet und nachts arbeitet, um ein Projekt zu einem guten Ende zu führen. Er fühlt sich allein gelassen, als habe er von seinen Mitarbeitern oder seinem Partner keinerlei Unterstützung.

Eine große Anzahl von Menschen, die einen Simian haben, waren bedeutende Figuren in der Geschichte, so z. B. Napoleon, Nikita Chrustschow und Tony Blair.

Herausforderung: Ein unbewusster Simian wird oft missverstanden, weil seine Intensität wie Wut wirken kann. Da er sich seiner Andersartigkeit nicht bewusst ist, weiß er nicht, dass bei anderen Menschen Herz- und Kopfenergie nicht verschmolzen sind. Darum ist es wichtig, dass er lernt, nachzufragen, wenn er sich missverstanden fühlt.

Die Welt, in der er lebt, kommt ihm oft träge und eng vor. Die anderen sind in seinen Augen langsam, kraftlos und bequem. Er ist selten glücklich, wenn er lange am gleichen Ort und an ähnlichen Projekten arbeiten muss. Routine ist für ihn tödlich. Sein Leben ist erfüllt von Veränderungen, Extremen und von Leidenschaft. Geduld ist nicht eine seiner Stärken. Wenn er etwas will, auch etwas machen will, dann muss es sofort geschehen. Er kann dann nicht darauf warten, bis andere so weit sind wie er. Auch ist er durchaus in der Lage, sein Leben von einem Tag auf den anderen vollkommen auf den Kopf zu stellen.

Wenn ein Simian seine besonderen Begabungen nicht nutzt, gerät er in Gefahr, sich aus Beziehungen zurückzuziehen, was die Schwierigkeiten in der Kommunikation noch verstärken kann. Innere Spannungen können ihn unter Umständen zu zerreißen drohen. In extremen Fällen und bei entsprechender Neigung könnte es so weit kommen, dass er nach Drogen greift, um die Spannungen abzubauen.

Der Weg aus der Klemme: Stattdessen müsste er sich eine Arbeit suchen, die seinen besonderen Begabungen gerecht wird. Andere Menschen, die nicht so fokussiert und intensiv an einem Projekt dranbleiben können, darf er nicht verurteilen. Er sollte die Tatsache annehmen, dass er mehr für ein

Projekt leisten wird als andere, dass ihn das aber auch glücklich und zufrieden macht. Ebenso wäre es für ihn wichtig, auch in Beziehungen immer wieder das Gespräch zu suchen, viel nachzufragen und seine besondere Art zu kommunizieren zu erklären.

Wenn sich der Simian bewusst wird, dass seine Welt anders aussieht als die Welt seiner Mitmenschen, kann er lernen, sich zurückzunehmen, seine Intensität und Leidenschaft durch Sport oder einen Beruf, der ihm viel Energie und Innovationskraft abverlangt, in positive Bahnen zu lenken. Er ist auch aufgefordert, immer wieder einen Versuch zu wagen, andere Menschen zu verstehen und sie an seiner Welt teilhaben zu lassen. Das Gespräch sollte im Vordergrund einer Beziehung stehen. Bei einem Simian kommt die Leidenschaft von selbst!

Da etwa 60 Prozent der Menschen mit einem Down-Syndrom einen Simian haben, ist dies oft ein Alarmzeichen für Eltern. Aber der Simian allein ist noch kein Anzeichen für ein Down-Syndrom. Bei denen, die kein Down-Syndrom haben, besitzen vier Prozent einen Simian, bei Asiaten ist der Prozentsatz sogar noch höher, nämlich neun Prozent. Eltern werden merken, dass sie ein besonderes Kind haben, und dafür sorgen, dass das Kind genügend Möglichkeiten hat, sich auszutoben und seine besonderen Fähigkeiten zu nutzen.

Abdrücke von Simianlinien:

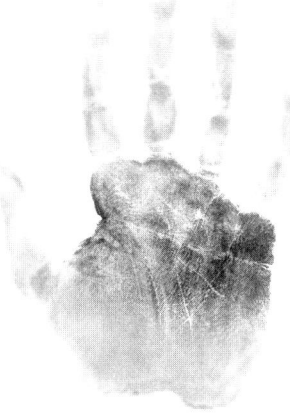

Beispiel einer Simianlinie mit zusätzlicher Herzlinie (»Großes Herz«)

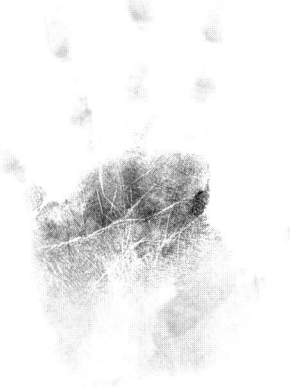

Beispiele von Simianlinien mit zusätzlichen Kopflinien

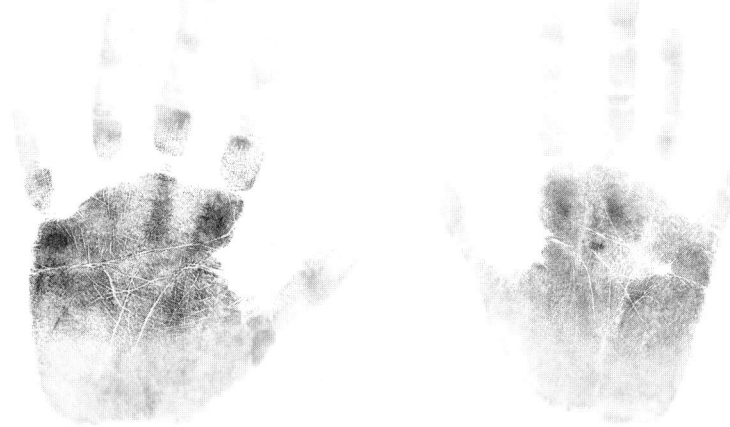

Die Supercomputerlinie

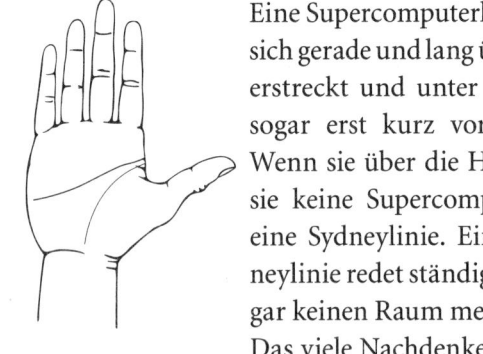

Eine Supercomputerlinie ist eine Kopflinie, die sich gerade und lang über die ganze Handfläche erstreckt und unter dem Merkur, manchmal sogar erst kurz vor der Handkante, endet. Wenn sie über die Handkante hinausläuft, ist sie keine Supercomputerlinie mehr, sondern eine Sydneylinie. Ein Mensch mit einer Sydneylinie redet ständig und denkt so viel, dass er gar keinen Raum mehr hat, auch etwas zu tun. Das viele Nachdenken und Reden fördert aber auch Unsicherheiten und Ängste.

Begabung: Die Supercomputerlinie gehört zu einem Menschen, der fähig ist, verschiedene Dinge zur gleichen Zeit zu tun. Manchmal wird die Linie »Tintenfischgehirn« genannt oder die Linie des Problemlösers. Tintenfisch, weil er viele Arme hat, die alle unabhängig voneinander funktionieren können. Ein Supercomputer kann – vielleicht ein bisschen übertrieben dargestellt – gleichzeitig am Telefon mit einem Kunden über einen Vertrag verhandeln, mit seinem Bürokollegen die Sportergebnisse des Vorabends diskutieren, ein Kreuzworträtsel lösen und in der Speisekarte nach der Pizza suchen, die er mittags essen möchte.

Der Supercomputer braucht große, wichtige, komplexe Probleme, die er lösen kann. Er lebt von geistigen Herausforderungen. Seine Denkweise ist klar, logisch und analytisch. Er ist ständig am Kombinieren der Dinge, die er während eines Tages aufschnappt. Wenn er etwas hört oder liest, was ihn interessiert, sei es bruchstückhaft in einer Konversation, einer Diskussion im Radio oder in einem Zeitungsartikel, dann wird das in seiner Datenbank abgespeichert und kann später in Verbindung mit anderen Fakten zur Problemlösung beitragen.

Seine Aufgaben müssen wichtig sein. Das heißt, sie müssen für seinen Beruf, für ihn selbst oder für die Menschheit von Bedeutung sein. Er muss mit seinen Lösungen etwas bewegen können. Je größer, je komplexer die Aufgabe, desto glücklicher ist er während der Arbeit.

Herausforderung: Wenn nun ein Supercomputer sich dessen nicht bewusst ist, dass er sein Gehirn für wichtige und komplexe Problemlösungen zur Verfügung stellen muss, dann verheddert er sich oft in seinen »Tintenfischarmen« und kann den gordischen Knoten nicht mehr lösen. Langeweile ist für ihn das Schlimmste. Um seine Problemlösungsstrategien anzuwenden, sucht er unbewusst nach Möglichkeiten, Probleme zu verursachen, um sie in der Folge dann gleich selber wieder lösen zu können.

Auf der Gefühlsebene verfängt er sich oft in einem Netz von Gefühlen, aus dem er bald keinen Ausweg mehr sieht. Seine Probleme müssten ja komplex und groß sein, also sucht er nach Problemen mit seinem Partner, seinen Kindern, seinen Kollegen. Seine eingebildeten Probleme beschäftigen sein Gehirn, damit er sich nicht langweilt.

Der Weg aus der Klemme: Wenn Sie merken, dass Sie in solch einen Teufelskreis verfallen, suchen Sie eine Herausforderung für Ihr Gehirn. Suchen Sie nach einem komplexen sachlichen Problem, auf das Sie Ihre geistigen Kräfte konzentrieren können. Erweitern Sie den Rahmen Ihrer Problemstellung, bis das Problem groß und komplex genug ist, um für Sie eine Herausforderung darzustellen.

Abdrücke der Supercomputerlinie:

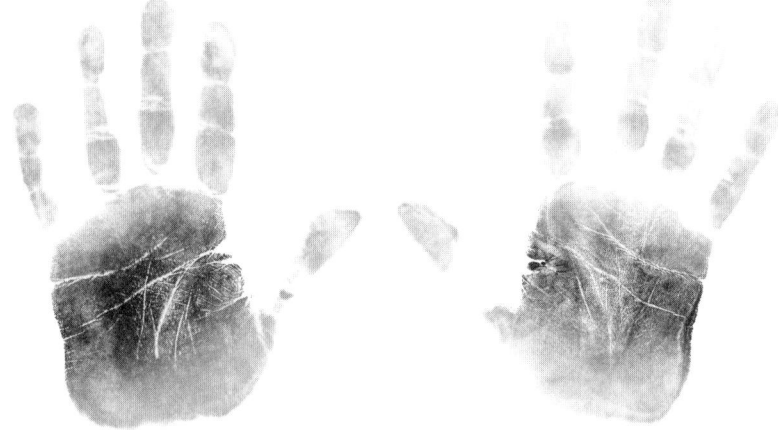

Die Persephonelinie

Eine Persephonelinie ist eine lange, geschwungene Kopflinie, die von ihrem Ansatz oberhalb der Lebenslinie im Bogen bis fast zur Handwurzel verläuft. Es kann vorkommen, dass in einer Hand neben der Persephone eine weitere, eher gerade, »logische« Linie vorhanden ist. Ein Mensch mit solch einer Linienformation ist in seinem Denken zwiespältig und zwischen logischem Denken und der tiefen, instinktiven Denkweise von Persephone hin- und hergerissen. Eine Persephonelinie kann in einer oder in beiden Händen auftreten. Wenn sich die Linie in beiden Händen befindet, sind die hier beschriebenen Eigenschaften verstärkt.

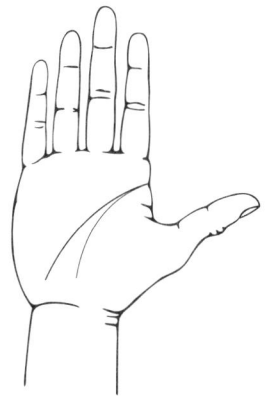

Der Name der Persephonelinie stammt aus der griechischen Mythologie. Von den griechischen Göttern wissen wir, dass sie sehr menschliche, und nicht immer nur positive menschliche Züge aufwiesen. Persephone war die Tochter von Demeter, der Göttin der Ernte und Fruchtbarkeit, und deren Bruder Zeus, dem höchsten Gott der Götter.

Eines Tages steht Persephone in einer wunderschönen blühenden Wiese und pflückt Blumen. Die Erde öffnet sich plötzlich, und vor ihr steht ein goldener Wagen mit sechs schwarzen Pferden, der von Hades, dem Gott der Unterwelt gelenkt wird. Hades, ein Bruder von Demeter und Zeus, verliebt sich in Persephone und entführt sie in die Unterwelt, wo sie seine Frau werden soll.

Demeter ist tief traurig und versucht nun, Zeus dazu zu bewegen, Persephone aus dem Hades zurückzuholen und ihrem gemeinsamen Bruder wegzunehmen. Als Zeus auf ihr Flehen nicht eingeht, lässt sie alle Pflanzen auf der Erde verdorren und veranlasst, dass keine Kinder mehr geboren werden. So zwingt sie Zeus dazu, auf ihr Bitten zu hören.

Zeus verspricht ihr, dass er Persephone zurückholen wird, sofern sie in der Unterwelt nichts gegessen hat. Gemeinsam reisen Zeus und Demeter in die Unterwelt. Sie fragen Persephone, ob sie etwas gegessen habe, und sie verneint. Auch Hades muss zugeben, dass sie keine Nahrung zu sich genommen hat, und muss sich nun, wenn auch widerstrebend, dem Willen von Zeus beugen.

Nun aber meldet sich ein Denunziant, der gesehen haben will, dass Persephone vier Kerne eines Granatapfels gegessen haben soll. In manchen Versionen dieser Legende gibt Persephone zu, dass sie der Versuchung erlegen sei, in anderen streitet sie es ab. Jedenfalls genügt es, dass Hades insistiert, Persephone müsse bei ihm bleiben. Da Persephone durch die Nahrungsaufnahme eine Verbindung zur Unterwelt geschaffen hat, suchen Zeus, Hades und Demeter nach einem Kompromiss. Nach langen Diskussionen einigen sie sich darauf, dass Persephone vier Monate in der Unterwelt und acht Monate bei ihrer Mutter auf der Erde verbringen darf.

In der Unterwelt brauchte sie eine Aufgabe. Verlorene Seelen auf dem Weg in die Unterwelt mussten den Fluss Styx überqueren. Über diesen Fluss hat Persephone dann die Seelen hinüberbegleitet und ihnen ihr schweres Los ein bisschen erleichtert.

So haben wir die Erklärung dafür, warum die Erde im Winter trostlos und unfruchtbar ist – sie trauert um Persephone in der Unterwelt.

Begabung: Zu Persephone in der Handanalyse finden wir gewisse Parallelen in dieser Geschichte, denn Persephone verfügt über außergewöhnliche Intuition, Einfühlungsvermögen und psychische Kraft. Auf der einen Seite ist die Unterwelt, sind die verlorenen Seelen ein Teil ihres Daseins. Auf der anderen Seite kennt sie die schönen Seiten der wirklichen Welt, in der sie die Sonne auf ihrer Haut fühlt und auf Blumenwiesen spazieren geht.

In der Zeit, in der Persephone in der Unterwelt weilt, was wir durchaus als Depression bezeichnen können, ist sie aufgefordert, sich mit der menschlichen Seele vertraut zu machen, in sich selber hineinzuschauen, um psychologische Erkenntnisse zu erlangen, ihre Einsichten zu vertiefen. Wenn sie dann im Frühling wieder auftaucht und neue Energie schöpft, kann sie die gewonnenen Einsichten als Weisheit an verlorene Seelen weitergeben.

Da die Persephonelinie in der Mondzone endet, hat sie viele Mondqualitäten, wie Fantasie, Kreativität, Intuition, tiefe, oft unbewusste Gefühle.

Persephone führt Menschen in Not zu neuen Einsichten. Sie werden feststellen, dass Menschen mit ihren Problemen oft zu Ihnen kommen, um Ihnen Dinge anzuvertrauen, die sie vielleicht noch nie jemandem erzählt haben. Ihre Aufgabe als Persephone ist es, in erster Linie zuzuhören. Meistens hilft es Menschen mit Problemen schon, wenn sie ihre Geschichte jemandem erzählen können.

Als Königin der Unterwelt, die sowohl menschliche Tiefen als auch die irdische Welt kennt, kann Persephone in ihrer besten Form Weisheit vermitteln und Menschen das sichere Gefühl geben, dass sie in ihrem tiefsten Wesen verstanden werden.

Herausforderung: Als junge Persephone, bei einer noch wenig entwickelten Persönlichkeit, ist sie oft abhängig von weiblichen Vorbildern – Demeter, ihrer Mutter – oder ist wenig selbstständig und folgt ihrem Ehemann – Hades, ihrem Gatten – auch wenn sie mit seinen Forderungen nicht immer einverstanden ist. Die Bewältigung des Alltags mit seinen praktischen Seiten kann für sie ein Problem darstellen.

Sie neigt zu tiefen Depressionen, mit denen sie nicht fertig wird, denn sie hat noch nicht erfasst, dass die Unterwelt für sie den positiven Aspekt hat, introspektiv zu wirken, um sie auf ihre spätere Aufgabe als weise intuitive Führerin vorzubereiten.

Die unentwickelte Persephone verliert sich oft in ihren Fantasien und hat wenig Bezug zur praktischen Welt.

Der Weg aus der Klemme: Es geht darum zu erkennen, dass eine Depression, aus der man wieder herausfinden kann, als positiver Teil eines Zyklus zu werten ist. Vier Monate in der Unterwelt und acht Monate im Sonnenschein auf der blühenden, fruchtbaren Wiese. Vier Monate, um Kräfte zu sammeln, in sich selbst hineinzublicken, Tiefen der menschlichen Seele zu erkennen und die intuitive Weisheit zu schulen, und acht Monate, um die gesammelte Kraft an andere weiterzugeben.

Das soll nicht heißen, dass eine Depression vier Monate dauern wird; ich versuche hier, symbolisch zu erklären, dass eine Depression zu einem Zyklus gehört, und dass Sie aus einer Depression wieder in den Sonnenschein hinausfinden werden. Nehmen Sie die Depression als Teil Ihrer selbst an, als notwendige Rückzugsmöglichkeit von den Anforderungen des Alltags und des Lebens. Lernen Sie, damit zu leben. Erkennen Sie die Depression an und versuchen sie nicht, Sie durch Ablenkung oder Verneinung in die Schranken zu weisen.

In der Handanalyse soll die Phase der Depression als Einladung an Persephone verstanden werden, Bilanz zu ziehen, neue Kräfte zu sammeln, eine Überprüfung Ihres Fundaments vorzunehmen. So sind Sie für den nächsten Zyklus der Ernte optimal gerüstet. Die größte Motivation, einen neuen schöpferischen Akt zur eigenen Freude und zum Wohle der anderen zu erbringen, schlummert in der Rückbesinnung auf die eigenen innersten sinngebenden Kräfte. Wenn Sie es wagen, in diesem Sinne in die Depression hineinzugehen, werden Sie zu Erkenntnissen gelangen, die Ihnen sonst verwehrt bleiben. Diese sind aber unabdingbar dafür, dass Sie später ein sinnerfülltes Leben führen können.

Eine Warnung möchte ich aber doch noch aussprechen. Wenn Ihre Depression andauert und keine sinngebenden Impulse mehr hervorbringt, sondern starke Formen von Selbstzerstörungsgedanken annimmt, dann suchen Sie bitte professionelle Hilfe. Hierbei handelt es sich nicht mehr um den oben beschriebenen natürlichen Zyklus, sondern tiefer liegende Blockaden beeinträchtigen den natürlichen Wechsel von Werden und Vergehen.

Abdrücke von Persephonelinien:

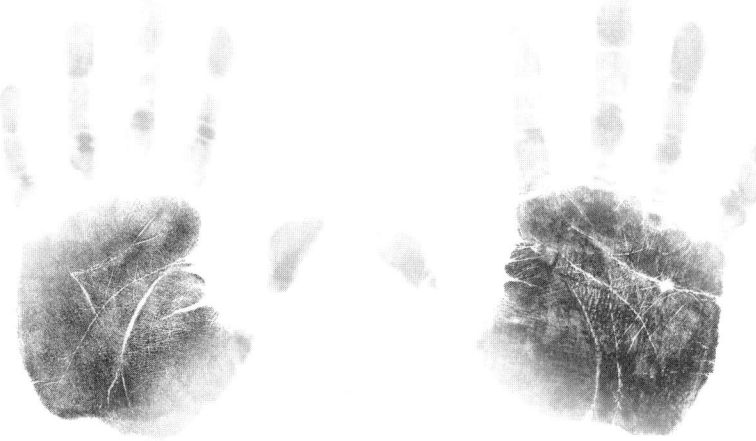

Beispiel einer Persephonelinie mit einer zusätzlichen Kopf-linie

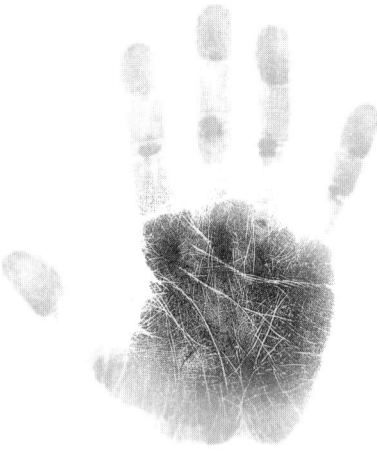

Die Klarsichtigkeitslinie

Die Klarsichtigkeitslinie ist eine Merkurlinie, die rund um den Mondberg verläuft. Sie kann auch in Bruchstücken vorhanden sein, dann nennen wir sie die »Klarsichtigkeitslinie im Schrank«. Dem Klarsichtigen fließen die Energien von Mond – Intuition, Fantasie, tiefe unbewusste Gefühle – und von Merkur – Kommunikation, Verstand, Redegewandtheit – zu. Eine Merkurlinie stellt auch die

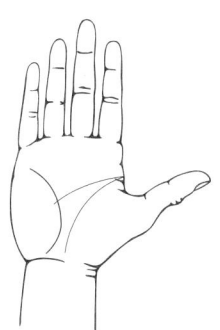

innere Stimme eines Menschen dar. Wenn sie so geschwungen ist wie die Klarsichtigkeitslinie, ist sie instinktiv, emotional und nicht in der Logik geboren.

Begabung: Der Klarsichtige verfügt über eine innere Stimme, die direkt ans Universum angeschlossen zu sein scheint. Dieser direkte Draht ist ständig vorhanden, nicht nur durch blitzartige Intuition, wie das bei einem Mondstern (siehe Seite 160 dieses Kapitels) der Fall wäre. Der Klarsichtige verfügt ganz selbstverständlich, ohne darüber nachdenken zu müssen, über Einsichten in seine eigene Persönlichkeit und in die von anderen Menschen. Er versteht die großen Zusammenhänge der Welt und des Lebens.

Wie die meisten Menschen mit besonderen Begabungen, wird er anfangs gar nicht wissen, welch außerordentliches Mittel er zur Hand hat, mit dem er sich und anderen Menschen helfen kann, sich selbst zu erkennen, zu wissen, wer sie wirklich sind. Erst die Erfahrung wird ihn lehren, dass er in der Lage ist, anderen Menschen das Tor zu ihrer eigenen Intuition zu öffnen. Je mehr er seine Gabe einsetzt, desto besser wird er lernen, seinen inneren Eingebungen Folge zu leisten und auf sie zu vertrauen.

Als Lebenslehrer oder Lebens-Coach kann er anderen Menschen beistehen, wenn sie in einer Sinnkrise zu versinken drohen. Gesetzmäßigkeiten und Zusammenhänge des Lebens sind für ihn ständig abrufbar, er weiß einfach, wie sie funktionieren. Dadurch sieht er oft in Zufällen oder Schicksalsschlägen einen Sinn, der anderen verborgen bleibt. Er sieht auch neue Wege, wie ein Problem oder eine Situation angegangen werden kann, und er hat die Fähgkeit, dies anderen zu vermitteln.

Ein Klarsichtiger ist aber auch nur ein Mensch. Wenn er müde ist oder Sorgen hat, wenn er mit seinen Gedanken woanders ist, wenn er beschäftigt ist, kann es durchaus vorkommen, dass auch er seine Einsichten fehlinterpretiert. Ein Klarsichtiger muss mit seiner Gabe vorsichtig umgehen und sie nicht als absolute Wahrheit erleben. Vor allem wenn es nicht ihn selber, sondern andere betrifft, kann er sich durchaus auch irren. Und dann kann es vorkommen, dass er nicht das für den anderen Richtige sieht, sondern ihm etwas rät, was für ihn selber zwar gut wäre, dem anderen aber fremd ist.

Da er nicht weiß, dass andere Menschen nicht über eine ähnliche Gabe verfügen, versteht er ihre Reaktionen oft nicht. Er kann ihnen auch nicht seine Sicht vermitteln, da sie intuitiv ist und nicht immer logisch erklärbar.

Herausforderung: Wenn der Klarsichtige einmal gemerkt hat, dass andere nicht dieselben Einsichten besitzen wie er, kann er sie anfangs ablehnen oder von ihnen überwältigt werden. Da er weder an seine eigenen Eingebungen noch an die von anderen Menschen glaubt, kann er den Realitätsbezug verlieren. Er fühlt sich dann allein gelassen, weil er sich andersartig fühlt, und hat Probleme in Beziehungen, weil er sich von allen anderen Menschen entfremdet fühlt. Er bekommt Angst vor seiner Intuition und will sie nicht wahrhaben. Durch die ständige Abwehr seiner Intuition verliert er mit der Zeit seine Gabe und kann dann in Depressionen verfallen.

Der Weg aus der Klemme: Wichtig wäre, dass ein Klarsichtiger seine Gabe annimmt und nutzt, dass er den Mut fasst, andere an seinen Einsichten teilhaben zu lassen, und dass er seine Inspiration feinschleift und immer wieder mit der Realität vergleicht.

Abdrücke der Klarsichtigkeitslinie:

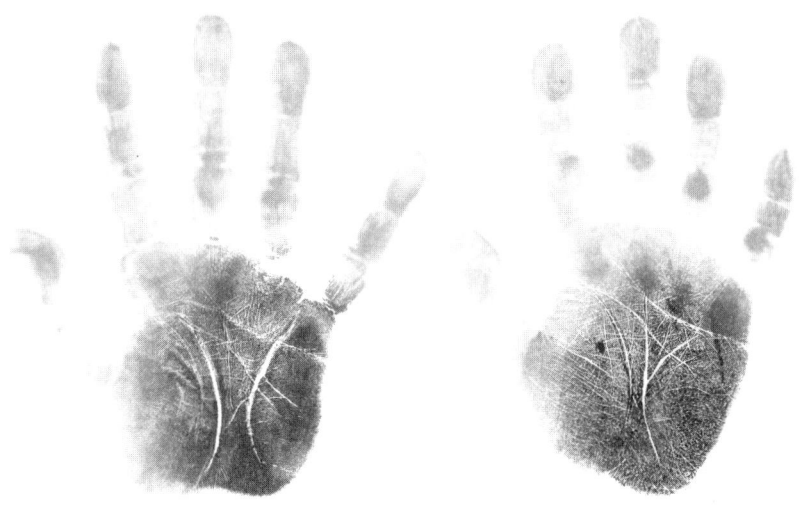

Genielinien

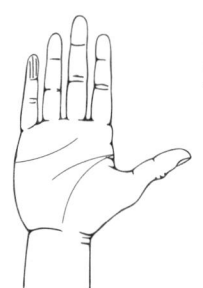

Genielinien sind senkrechte Linien auf dem Merkur, die mindestens so lang wie die Hälfte des obersten Fingerabschnitts sind. Es müssen mindestens drei Linien mehr als auf dem Jupiter sein, damit wir sie als Genielinien bezeichnen können.

Begabung: Wenn Sie solche Linien auf Ihrem Merkurfinger finden, haben Sie die besondere Gabe, komplexe Ideen in einfacher Form darzustellen und sie als Autor oder Redner weiterzugeben. In Kombination mit der Autorengabel, die sich am Ende der Kopflinie befinden kann, ist dies ein untrügliches Zeichen dafür, dass Sie sich einem größeren Publikum redend oder schreibend zuwenden sollten. Sie können diese Linien an einer oder an beiden Händen haben. Die Begabung ist stärker, wenn sie an beiden Händen zu finden ist.

Genielinien sind Linien, die sich kaum in einer Kinderhand befinden, sondern erst mit der Erfahrung wachsen. Wenn Sie anfangen zu schreiben oder Reden zu halten, werden Sie feststellen können, dass die Genielinien mitwachsen.

Oft weiß ein Schreibgenie, dass es die Begabung zu schreiben besitzt, aber erst im Laufe des Lebens weiß es dann auch, was es schreiben möchte. Denn es genügt nicht, grammatikalisch korrekte Sätze auf mehr oder weniger originelle Art und Weise aneinanderzureihen, Sie müssen auch eine Botschaft haben, die Sie weitergeben möchten.

Schreiben und Reden sind Tätigkeiten, die Sie üben und erlernen können. Wenn Sie Genielinien Ihr Eigen nennen, wäre es von Nutzen, auch einen Schreib- und Rhetorikkurs zu besuchen. Denn neben Ihrer Begabung gibt es eine Reihe von Hilfen und Regeln, die einem das Schreiben oder Reden erleichtern können. Ihre Fantasie, Kreativität und Originalität sind Gaben, die Sie mitbringen, aber die Art und Weise, wie Sie sie am besten kommunizieren, können Sie bis zu einem gewissen Grad erlernen. Und wenn Sie einmal die Regeln kennen, spricht auch nichts dagegen, sie nicht einzuhalten. Die Japaner haben ein Sprichwort: »In die Form, aus der Form«, was so viel bedeutet wie: Wenn Sie einmal gelernt haben, wie »man« es macht, liegt es an Ihrer Fantasie und persönlichen Freiheit, diese Regeln zu durchbrechen, um etwas Ureigenes zu gestalten.

Herausforderung: Falls Sie Ihre Gabe nicht nutzen, werden Sie anfangen, sich im Kreise zu drehen und nicht mehr wissen, wo Ihr Weg langgeht. Sie werden mit großem Aufwand nichts schaffen und immer unglücklicher und unzufriedener werden. Vielleicht haben Sie aber auch keinen Erfolg mit Ihren Vorträgen oder Ihren Schriften. Fragen Sie sich, ob Sie eventuell nicht die richtige Botschaft an die Öffentlichkeit bringen. Ist das, was Sie schreiben, auch etwas, das Sie persönlich bewegt und in das Sie Ihre Gefühle einbringen? Schöpfen Sie aus Ihren persönlichen Erlebnissen und Eindrücken oder aus etwas Gelerntem? Ihre Kommunikationsgabe ist intuitiv, was Sie sagen oder schreiben, muss aus Ihrem Herzen kommen, damit es auch richtig bei Ihren Lesern oder Zuhörern ankommt.

Der Weg aus der Klemme: Wie am Anfang dieses Kapitels über Begabungszeichen erwähnt, sind Sie aufgefordert, Ihre Gabe zu nutzen, weil Sie sonst in eine Art »Selbstbestrafung« verfallen werden. Trotz größter Ängste vor Kritik und Publikum, liegt es an Ihnen, genau diese Ängste zu überwinden, um Ihre Botschaft an die Öffentlichkeit zu tragen.

Nutzen Sie Ihre außergewöhnliche Gabe. Seien Sie offen dafür, Artikel oder ein Buch zu schreiben, oder vor Publikum zu reden. Sagen Sie niemals nein, wenn sich Ihnen die Möglichkeit dazu bietet. Suchen Sie aber auch selber aktiv nach solchen Chancen. Schreiben Sie in Ihrem Lokalblatt oder in einer Fachzeitschrift. Schreiben Sie einen Leserbrief in einer Zeitung oder Zeitschrift oder im Internet. Eröffnen Sie einen Blog, den Sie aber auch außerhalb Ihres Bekanntenkreises publik machen müssen. Suchen Sie sich ein Forum im Internet aus, in dem Sie üben können, denn das Wichtigste ist die Übung. Sie werden sehen, dass das Formulieren Ihnen immer leichter fällt, je mehr sie schreiben. Ihre Ängste werden zurückweichen oder überwindbar werden, je mehr Sie üben, weil Sie merken, dass das Publikum Ihnen Applaus spendet, statt Sie auszubuhen.

Abdrücke von Genielinien:

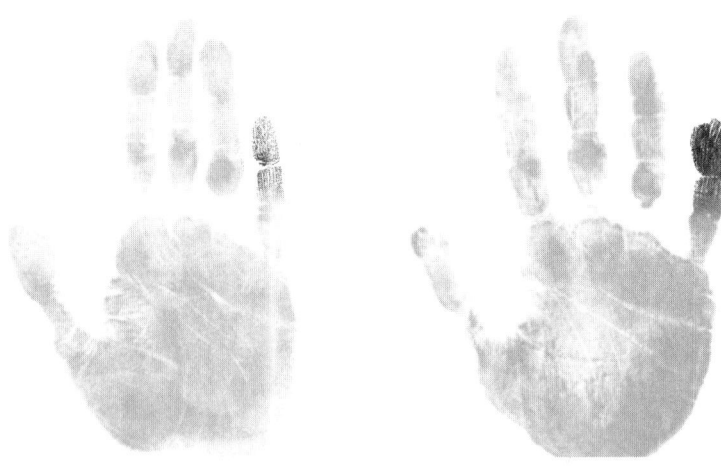

Heilerlinien

Heilerlinien finden Sie unter dem Merkur auf dem Merkurberg als mindestens vier parallele Längslinien oberhalb der Herzlinie.

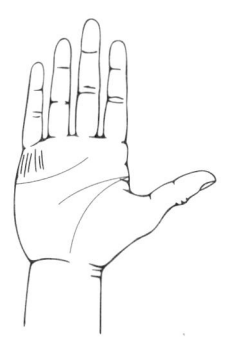

Wenn Ihre Hand vier Heilerlinien aufweist, dann können Sie die Einsichten eines Heilers abrufen. Wenn Sie fünf Heilerlinien finden, sollten Sie sich intensiver damit beschäftigen, anderen Menschen zuzuhören. Wenn Sie sechs solcher Linien haben, dann sollten Sie sich damit befassen, Ihren Beruf, Ihre Hauptbeschäftigung darauf auszurichten. Bei acht Heilerlinien sind Sie der Heiler der Heiler und können Ihr Wissen an andere Heiler weitergeben.

Begabung: Ein Heiler zu sein, bedeutet nicht, dass Sie anderen Menschen die Hand auflegen und Heilkräfte entwickeln können, sondern dass Sie die besondere Gabe haben, andere Menschen in ihrem Innern zu heilen, indem Sie ihnen zuhören und sie so annehmen, wie sie sind. Sie könnten psychologische Beratungen anbieten, sie könnten aber auch Anwältin werden oder Krankenschwester oder Masseurin.

Ein wichtiger Faktor des Heilens ist oft die körperliche Berührung. Einem Menschen ohne Worte den Schmerz zu lindern, indem Sie seine Hand halten oder ihn in den Arm nehmen, gehört zu den Gaben des Heilers.

Aber die wichtigste Form des Heilens ist, mit einem offenen Herzen zuzuhören, still und ohne die Menschen für irgend eine menschliche Regung zu verurteilen. Sie als Menschen anzunehmen und anzuerkennen, sie ganzheitlich zu betrachten, mit allen Zwiespältigkeiten, Unzulänglichkeiten und Herausforderungen.

Herausforderung: Wenn Sie nicht genug Gelegenheit haben, anderen Menschen in ihrem Heilungsprozess beizustehen, wenn Sie sich Ihrer besonderen Gabe nicht bewusst sind, werden Sie feststellen, dass Sie in Ihren persönlichen intimen Beziehungen Blockaden erleben. Sie haben Mühe, Ihrem Partner Ihre Gefühle zu zeigen, und dadurch werden Sie eine Distanz schaffen. Oft geben Sie Ihrem Partner die Schuld an der Entfremdung, aber der Abstand wird eher von Ihnen ausgehen. Stellen Sie sich nicht selber in den Hintergrund. Ihre Gefühle, Ihre Bedürfnisse sind von allergrößter Bedeutung und Wichtigkeit. Sie können Ihrem Partner helfen und sich und ihm das Zusammenleben erleichtern, wenn Sie ihm dies mitteilen.

Der Weg aus der Klemme: Um andere heilen zu können, müssen Sie zuerst sich selber heilen. Versuchen Sie, sich so anzunehmen, wie Sie sind. Ich wiederhole die Formulierungen des obenstehenden Absatzes mit kleinen Änderungen: »Die wichtigste Form des Heilens ist, sich selber mit einem offenen Herzen zuzuhören, still und ohne sich selber für irgendeine menschliche Regung zu verurteilen. Sich selber als Menschen anzunehmen und anzuerkennen, sich selber ganzheitlich zu betrachten, mit allen Zwiespältigkeiten, Unzulänglichkeiten und Herausforderungen.«

In der Bibel steht: »Liebe deinen Nächsten wie dich selbst«. Um anderen Menschen helfen und sie heilen zu können, müssen Sie erst den Mut finden, sich selber zu lieben und anzunehmen. Denken Sie zurück an Situationen in Ihrem Leben, wo Sie sich hätten anders verhalten sollen, wo Sie etwas anderes hätten sagen oder anders hätten reagieren sollen. Überlegen Sie, ob Sie daraus etwas für die Zukunft oder für Ihre jetzige Situation lernen können. Wenn ja, dann lernen Sie daraus! Wenn nein, dann haken Sie hier und jetzt dieses Erlebnis als erledigt ab, und denken Sie nie mehr daran.

Möglicherweise neigen Sie dazu, dass Sie sich in Ihrem tief liegenden Bedürfnis, anderen Menschen zu helfen, selber überfordern. Achten Sie deshalb sehr genau auf sich selbst. Versuchen Sie zu merken, wie viel Zeit und Energie Sie aufwenden möchten, anderen zu helfen. Manchmal genügen drei Stunden in der Woche, andere können von morgens bis abends eine Praxis führen. Jeder muss diese Frage für sich selber beantworten, denn jeder Mensch ist anders als alle anderen.

Abdrücke von Heilerlinien:

Die Begabungssterne

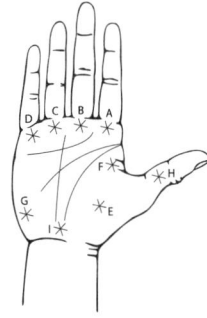

Sterne bestehen aus mindestens drei Linien, die in einem gemeinsamen Punkt zusammenkommen. Sie bündeln drei verschiedene Energien von drei Linien in einem einzigen Punkt. Damit stellen sie eine Explosion von Energie dar, die außerordentliche Kräfte an dem Ort in der Hand freisetzt, an dem sich ein solcher Stern befindet.

A – Jupiterstern
B – Saturnstern
C – Apollostern
D – Merkurstern
E – Venusstern
F – Marsstern
G – Mondstern
H – Stern der Weisheit
I – Neptunstern

Jupiterstern

Dieser Stern (A) befindet sich in der Jupiterzone unter dem Jupiter, oft auf der inneren Handkante. Ein Jupiterstern kann aus vier Linien bestehen, die in einem gemeinsamen Punkt zusammenkommen, oder es kann sich in der Jupiterzone sogar ein ganzer Strauß solcher Sterne befinden. Ein Vierlinienstern macht Sie zu einem Führer der Führer, während mehrere Sterne Ihre Führungsbegabung um ein Mehrfaches steigern.

Begabung: Ein Mensch mit einem Jupiterstern verfügt über außerordentliche Fähigkeiten im Bereich von Führung und Einfluss. Er ist der Klassensprecher, ein Erfolgstyp mit natürlicher Autorität und von gesundem Ehrgeiz beseelt. Wenn er in eine Gruppe kommt, dauert es nicht lange, bis er die Zügel übernimmt. Dies geschieht meistens ohne große Anstrengungen seinerseits. Die anderen Mitglieder spüren seine Autorität und sind froh, wenn er die Führung übernimmt. Wenn andere zögern, entscheidet er. In einer Versammlung ist er der Erste, der das Wort ergreift. Er hat einen guten Überblick, versteht aber auch die Einzelheiten. Er kann Arbeiten gut an andere delegieren und wird dabei nicht die Kontrolle darüber verlieren. Wenn er seine angeborene Kraft und Stärke großzügig und mit Liebe zu seinen Mitarbeitern und Mitmenschen einsetzt, verdient und erhält er auch Respekt, etwas, das für ihn von großer Wichtigkeit ist.

Der Erfolgstyp braucht auch ein Reich, eine Gruppe von Menschen, die er führen kann, Arbeiten, die zu erledigen sind. Ohne auf andere Einfluss üben, ohne andere führen zu können, ist sein Aktionsfeld eingeschränkt, und er benutzt zu viel Kraft und wirkt dominierend und überwältigend.

Herausforderung: Der Jupitersterntyp muss aufpassen, dass er nicht zu viel arbeitet, denn als Überflieger sieht er immer, was auch noch zu tun wäre. Was auch immer er tut, es ist nicht genug, er könnte noch mehr leisten. Deshalb muss er lernen, sich auch zu entspannen.

Oft rutschen Familienfrauen mit einem Jupiterstern in eine solche Rolle. Sie terrorisieren ihre Familien, weil ihr Tätigkeitsbereich nicht groß genug ist für ihre Begabungen. Sie können auch in die Rolle des Königsmachers oder der »Eismutter« verfallen, die ihren Ehrgeiz nicht für sich selbst, sondern für ihren Partner oder ihre Kinder auslebt. Hinter dem übertriebenen Ehrgeiz für andere steckt oft Unsicherheit und Angst vor dem eigenen Versagen. Diese Menschen werden überschwemmt von ihrer eigenen Hilflosigkeit und benutzen ihre Kraft und Führungsbegabung nicht für ein eigenes Aufgabengebiet.

Wenn der Jupitersterntyp nicht richtig mit seiner Gabe umgeht, kann er versuchen, sich vor seinen Führungsaufgaben zu verstecken. Er hat Angst vor seinen Fähigkeiten, vor dem Risiko und vor der Verantwortung. Wenn jemand anders jedoch die Verantwortung übernimmt, ist er sein ständiger Kritiker. Er weiß ja, wie man es besser machen könnte, wagt aber nicht, das Heft in seine eigene Hand zu nehmen. Er fühlt sich dann hilflos, kraftlos, wütend und wird feindselig.

Der Weg aus der Klemme: Sollten Sie einen Jupiterstern haben, dürfen Sie keine Gelegenheit auslassen, Aufgaben zu übernehmen, bei denen Sie Einfluss nehmen können. Sie sollten nach Gelegenheiten suchen, Dinge zu tun, die anderen Respekt Ihnen gegenüber abfordern. Sie sollten Ihr Tätigkeitsfeld so auswählen, dass Ihre natürliche Autorität, gepaart mit Großzügigkeit und Güte, möglichst oft zum Zug kommt. Es geht darum, dieser Fähigkeit zu vertrauen, und das lernen Sie am besten, indem Sie es immer wieder üben.

Abdrücke von Jupitersternen:

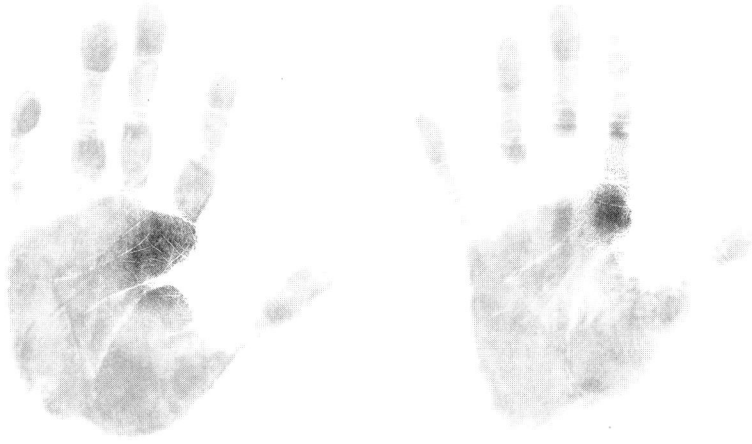

Saturnstern

Der Saturnstern (B) ist unter dem Saturn in der Saturnzone zu sehen. Sterne können immer mehrfach vorkommen, aber schon ein einziger Stern weist auf eine große Gabe hin.

Begabung: Der Saturnstern deutet auf einen Menschen hin, der Verbindungen zwischen Menschen, wirtschaftlichen Möglichkeiten und verschiedensten Ressourcen herstellen kann. Der Saturnstern wird auch »Midasstern« genannt, nach König Midas aus der griechischen Mythologie. Saturn steht für Ordnung, Maß, Disziplin, Verantwortung, Sicherheit, Echtheit, Geschäft, jedoch auch für Sorgen, Melancholie, Krankheiten und harte Arbeit.

*König Midas wünschte sich die Weisheit des alten Silenos, der ein
Lehrer von Dionysos, dem Gott des Weines, war. Midas goss
Wein in eine Waldquelle, von der Silenos trank und betrunken
wurde. Darauf entführte Midas Silenos in seinen Palast, wo er
zehn Tage lang ein großes Fest feierte. In der Folge fand Dionysos
seinen Lehrer, und Midas versprach, ihn freizugeben, wenn Dionysos ihm einen Wunsch gewährte. Widerstrebend gab Dionysos
nach, und Midas wünschte sich, ohne viel zu denken, dass alles,
was er berührte, zu Gold werden würde.*

*Anfangs war Midas überglücklich, weil dieses Geschenk
wunderbar funktionierte, und er fühlte sich reich und mächtig.
Als er aber etwas essen wollte und nach einer Frucht griff, ver-
wandelte sich diese auch in Gold. Das Wasser, das er trinken
wollte, erstarrte an seinem Mund zu flüssigem Gold. Bald war
er hungrig und durstig, aber erst, als er seine Tochter umarmen
wollte und diese ebenfalls als goldene Statue vor ihm stand, rief
er nach Dionysos und bat ihn, seinen Wunsch wieder rückgän-
gig zu machen. Dionysos riet ihm, im Fluss Paktolos zu baden,
und so ging der Fluch auf den Fluss über, der seither Gold mit
sich führt. Midas hat gelernt, dass nicht nur materieller Reichtum wichtig ist, sondern auch, dass man genügend Nahrung,
Liebe und andere Ressourcen braucht, um den Alltag zu bewältigen.*

Im übertragenen Sinn bringt der Saturnstern seinem Eigner
auch materiellen Reichtum, aber er muss darauf achten, dass
er nicht die anderen, wichtigeren Dinge in seinem Leben ver-
nachlässigt.

Der Reichtum des Saturnsterns sind seine Ressourcen,
nicht nur im materiellen Bereich, sondern auch an Zeit, Ener-

gie, Freundschaft. Der Eigner hat die Gabe, für seine Kunden und Freunde Reichtum in jeder Hinsicht zu erwirtschaften.

Eine weitere Interpretation der Bedeutung des Saturnsterns findet sich bei Pamelah Tablak Landers.[7] Der Eigner eines Saturnsterns kann auch als Nabe eines Rades oder Nexus bezeichnet werden.

Wenn Sie einen Saturnstern haben, können Sie Menschen mit ihren Hilfsquellen verbinden, seien dies nun Geldquellen oder Energiequellen. Sie sind eine Kraftquelle für andere, das Verbindungsstück zwischen Ihren Freunden, in Ihrer Familie, in Ihrem Verein. Sie sind auch die Wissensquelle Ihrer Umgebung. Sie werden gefragt, wann die Party beginnt, wer sich was zu Weihnachten wünscht, welches Hotel in München zu empfehlen ist, in welchem Restaurant man die beste Pizza bekommt. Sie unterstützen gerne andere Menschen. Sie fühlen sich gebraucht, und das macht Sie zufrieden. Wenn Sie aber zu viel für andere tun und Ihre eigenen Bedürfnisse vernachlässigen, dann werden Sie sich ausgenutzt und von allem hin- und hergerissen fühlen. Achten Sie auf Ihre eigenen Wünsche, und erfüllen Sie sich diese selber.

Herausforderung: Mit einem Saturnstern sind Sie in der Lage, für sich selbst und andere Reichtum zu erwirtschaften. Wenn Sie sich Ihrer Gabe nicht bewusst sind oder sich über das normale Maß hinaus für andere einsetzen, kann es vorkommen, dass Sie für alle anderen Reichtum erwirtschaften, nur nicht für sich selbst. So könnten Sie durch Ihre Verbin-

---

7 »Gift Markings«, Pamelah Tablak, Copyright 2005, The Hands Company, www.HandsOnCompany.com, handson22@aol.com

dungen für Ihren Freund neue Kunden gewinnen, während Sie selber Ihr Vermögen verlieren. Alle anderen profitieren von Ihrem Wissen und Ihren Ressourcen, nur Sie selber nicht. Ihnen sitzt vielleicht immer die Angst im Nacken, das, was Sie tun, könnte nicht genügen. Sie verlangen für Ihre Dienste nur einen Hungerlohn, weil es Ihnen an Selbstwertgefühl mangelt. Sollten Sie doch einmal von einem Geschäft selber profitieren, das Sie für andere machen, beschleicht Sie das Gefühl, Sie hätten es nicht verdient.

Der Weg aus der Klemme: Hier geht es darum, dass Sie lernen, sich selber auch als »Kunde« Ihrer selbst zu betrachten. Wie alle anderen haben auch Sie das Recht, dass Ihre Gabe Ihnen zugutekommt. Lassen Sie sich nicht ausnutzen. Wägen Sie ab, wo bei Ihnen die Grenzen liegen, etwas für andere zu tun, während Sie selbst dabei nicht zu kurz kommen.

Abdrücke von Saturnsternen:

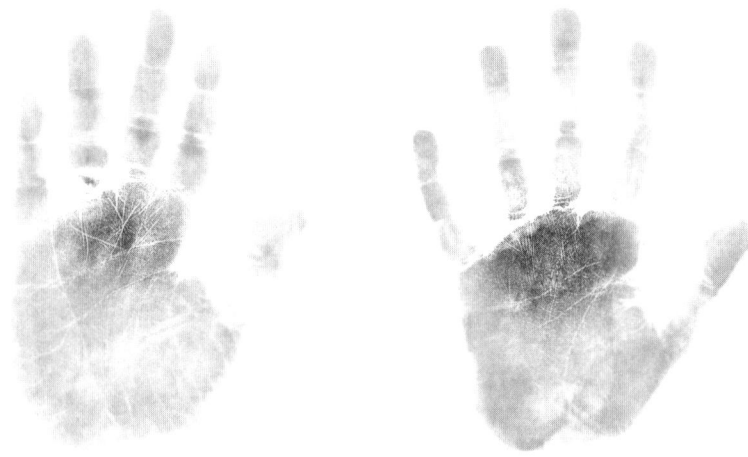

Apollostern

Der Apollostern (C) ist das höchste Zeichen für »Ruhm und Glück in den Künsten«. Er ist ein Stern, der in der Apollozone unter dem Apollo zu finden ist. Wiederum können sich mehrere Sterne unter dem Apollofinger befinden, oder der Apollostern kann auch fehlende Teile aufweisen. Ein Apollostern mit fünf Spornen kann immer noch als Kreativitätszeichen gewertet werden.

Begabung: Wenn Sie einen Apollostern Ihr Eigen nennen können, dann steht in Ihrem Leben die Kreativität und Individualität an erster Stelle. Ihre Kreativität kann verschiedene Formen annehmen, und es liegt an Ihnen herauszufinden, welche Kunstform Ihnen am besten liegt. Sie können malen, singen oder schreiben, sie können aber auch originell kochen oder töpfern – oder aber auch als Software Engineer, Anwalt oder Arzt neue kreative Wege gehen.

Es gibt auch Sterne, die unter der Herzlinie liegen und nicht in der Apollozone. Ein solcher Stern ist ein »verborgener Schatz«, dessen Wert Sie noch nicht entdeckt haben und den es zu bergen gilt. Versuchen Sie sich in kreativen Konzepten. Wer weiß, welchen Schatz Sie entdecken werden.

Gleichzeitig sind Sie aufgefordert, Ihre Begabung nicht zu Hause im stillen Kämmerlein für sich und Ihre Familie auszuüben, sondern sie an die Öffentlichkeit zu bringen. Ohne Risiko, sich der Kritik von anderen auszusetzen, ernten Sie auch keinen Applaus. Und Applaus gehört zum »Ruhm und Glück in den Künsten«. Aber genau diese Angst vor der Öffentlichkeit ist Ihr größtes Hindernis.

Mit einem Apollostern haben Sie wahrscheinlich auch verschiedene Ausdrucksmöglichkeiten. Sie können vielleicht bildhauern, spielen gern und gut Theater und können auch tanzen. Suchen Sie Ihre Leidenschaft. Lassen Sie sich von niemandem sagen, welche Ausdrucksform zu Ihnen passt. Versuchen Sie es selber, gehen Sie auch Risiken ein, denn ohne Risiko gibt es keinen Verdienst. Nur Sie selbst können herausfinden, auf welche Art und Weise Sie in diesem Augenblick Ihre Kreativität ausdrücken möchten. Nur Ihr bestes Resultat wird Sie glücklich machen.

Nehmen Sie aber auch Unterricht. Es ist noch kein wahrer Künstler vom Himmel gefallen. Neben Ihrer Begabung ist die Schulung wichtig. Wenn Sie wissen, wie Sie den Pinsel anpacken und wie die Farbe auftragen müssen, dann haben Sie eine gewisse Sicherheit in technischen Dingen, die Ihnen bei Ihrer künstlerischen Arbeit zugutekommen wird. Dasselbe gilt für jede Art der darstellenden Kunst. Ihre Kreativität kann sich besser entfalten, wenn Sie nicht durch Versuch und Irrtum zu viel Zeit verlieren.

Fangen Sie mit einfachen Liedern an, wenn Sie singen möchten. Es hat keinen Sinn, schwierige Opernpassagen allein zu probieren, wenn Sie »Alle meine Entchen« noch nicht einmal richtig singen können.

Sie werden feststellen, dass Ihre Kreativität nicht stehen bleiben wird. Sie können nicht zweimal dasselbe Bild malen, das würde keinen Spaß machen. Sie werden Fortschritte machen bis zu einem Punkt, wo Sie vielleicht nicht mehr weiterkommen oder wo Sie Ihren Zenit, Ihren Gipfel erreicht haben. Vielleicht fotografieren Sie fünf Jahre lang und fangen danach an zu malen oder zu schreiben. Anschließend wagen Sie sich dann vielleicht an ein Kinderbuch. Wichtig ist nur, dass Sie einen Ausdruck für Ihre Kreativität finden, die einzigartig ist. Und vergessen Sie bitte nicht, dass der Applaus ein wesentlicher Teil Ihrer Kreativität ist.

Hildegard Knef war Schauspielerin, in späteren Jahren fand sie ihren Ausdruck im Schreiben und Singen von Chansons. Shirley MacLaine ist eine bekannte amerikanische Filmschauspielerin. Zuerst war sie aber Tänzerin, bis sie durch einen Knöchelbruch zur Schauspielerei kam. Heute schreibt sie Bücher.

Es scheint eine Eigenschaft vieler Apollomenschen zu sein, dass sie sich selbst nicht unbedingt als kreativ einstufen. Ihre Kreativität ist für sie so selbstverständlich, dass sie gar nicht wissen, dass andere weniger kreativ sind als sie. Ein Grafiker oder Schauspieler wird wissen, dass er einen kreativen Beruf gewählt hat, aber ein Arzt oder Software Engineer ist sich vielleicht gar nicht bewusst, dass seine Arbeit eine ebenso große schöpferische Ideenvielfalt beinhaltet.

Herausforderung: Wenn Sie Ihrem Apollostern in Ihrem Leben nicht den richtigen Platz einräumen, werden Sie sich nicht wohlfühlen. Sie werden in Tatenlosigkeit und Langeweile verfallen, und die Angst vor Kritik wird in Ihrem Leben überhandnehmen. Sie werden sich zurückgewiesen fühlen, die Angst vor Kritik, Spott und Demütigung wird Ihr Begleiter sein. Selbstkritik ist dabei Ihr größter Feind. Mehr als dass andere Sie auslachen, ist es Ihr mangelnder Glaube an sich selbst, der Ihnen ein Bein stellt.

Der Weg aus der Klemme: Um aus diesem Teufelskreis auszubrechen, brauchen Sie die Hilfe eines Mentors oder Lehrers. Sie müssten sich die Techniken aneignen, die Ihnen helfen könnten, Ihren Weg in die Kreativität zu finden. Jemand, der an Sie glaubt, Sie unterstützt und fördert, ist in dieser Phase für Sie wichtig. Sie sollten sich außerdem Ziele und Termine setzen. Zur Kreativität gehört auch Disziplin. Ohne harte Arbeit ist selbst der begabteste Schauspieler noch nie zu Ehren gekommen.

Abdrücke von Apollosternen:

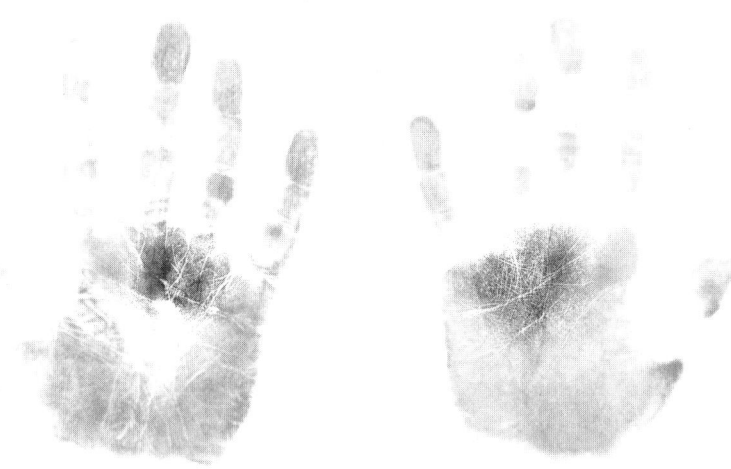

Merkurstern

Dieser Stern (D) ist unter dem Merkur in der Merkurzone zu finden. Er ist eine seltene Erscheinung.

Begabung: Einfallsreichtum, Scharfsinn und Klugheit sind Merkureigenschaften. Ein Merkurmensch ist redegewandt und ein guter Kommunikator. Er hat die Gabe, von anderen Ideen aufzunehmen, die er dann umsetzt und weitervermitteln kann. Er ist intelligent, sprüht vor geistiger Energie und Beweglichkeit. Sein Verstand ist analytisch, er hat den ständigen Drang nach mehr Wissen, und er ist fleißig. Er ist schlagfertig und geistesgegenwärtig.

Merkur ist der Bote der Götter, der gleichzeitig der Gott der Reisenden, des Handels und der Diebe und Glückspieler war. In seiner Funktion als Bote trägt er Informationen, denen er möglicherweise eine eigene Färbung gibt, von einem Ort zum anderen. Er überschreitet Grenzen zwischen Himmel und Erde und der Unterwelt. Dabei bewegt er sich völlig frei von Fesseln. Als Reisender ist er als Führer für andere unterwegs und ruht nur selten. Seine Schlauheit und sein Einfallsreichtum machen ihn zu einem guten Verhandlungsführer. Als Dieb und Glücksspieler ist er gewieft, gescheit, clever und auch trickreich.

Merkurs Gedanken bewegen sich nicht innerhalb von Grenzen. Er ist es gewohnt, zwischen den Reichen hin und her zu reisen, und kann dadurch seine klaren Gedanken übersichtlich und deutlich vermitteln. Seine Problemlösungen sind einfallsreich und scharfsinnig und verlassen gerne gewohnte Bahnen. Seine Augen leuchten wie· der Nachthimmel bei seinen vielen genialen Einfällen und Problemlösungen. Dabei sind Rückmeldungen für ihn wichtig, damit er mit seinen genialen Ideen nicht abhebt. Wenn er in einer Gruppe mit anderen Menschen tätig ist, kann er seine Einfälle mit deren

Hilfe hinsichtlich der Realisierbarkeit überprüfen und optimieren.

Herausforderung: Ein unentwickelter Merkurmensch ist ahnungslos, naiv und orientierungslos. Er hat eine ungenaue Vorstellung von seinen eigenen Eigenschaften und hat oft gute Ideen für andere, weiß aber nicht, was er mit seinen Ideen für sich selber anfangen soll. Sein Blick ist dumpf und verschleiert, ein Nachthimmel im Nebel. Möglicherweise liegt das daran, dass er nicht genug Feedback von anderen bekommt und er so seine Konzeptideen nicht umsetzen kann.

Der Weg aus der Klemme: Dieser führt über den Glauben an sich selbst und an seine Fähigkeiten. Wenn Sie einmal wissen, dass Sie einen Merkurstern haben, wenden Sie sich an eine Vertrauensperson, der Sie Ihre Ideen und Einfälle mitteilen, um sie so zu überprüfen.

Abdrücke von Merkursternen:

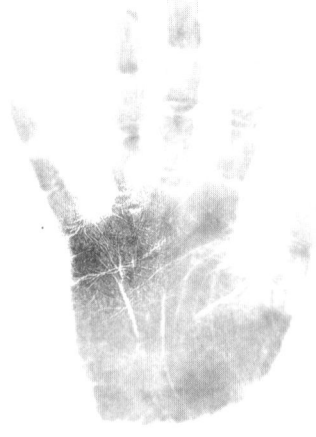
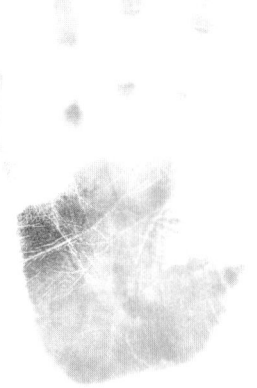

Venusstern

Der Venusstern (E) befindet sich in der Venuszone, der Zone, die am nächsten beim Daumen liegt. Er liegt tief unten in der Zone in der Nähe der Handwurzel, darf aber nicht zu nahe bei der Lebenslinie liegen, weil er sonst nicht als Begabungszeichen gilt.

Begabung: Als Venusmensch erfreuen Sie sich des Lebens. Sie suchen die schönen Dinge im Leben, die Wonne, das Vergnügen, die Lust, Freude und Sinnlichkeit. Samt, Seide, Juwelen erfreuen Ihr Auge und Ihre Sinne. Wenn Sie dazu auch einen prallen Venusberg Ihr Eigen nennen, beherrscht die Sexualität Ihr Leben. Sie spielen gerne und lieben den Luxus und die Eleganz. Liebe und Freundschaft sind für Sie wesentliche Elemente in Ihrem Leben. Sie gelten in Ihrem Freundes- und Bekanntenkreis als äußerst charmante und liebenswürdige Person.

Venus bei den Römern bzw. Aphrodite bei den Griechen war die Göttin der Liebe und der Schönheit. Sie symbolisiert Sympathie, Anziehung, Begeisterungsfähigkeit, Offenheit, Harmonie.

Da sich nicht jeder Venusmensch Luxusgüter leisten kann, müssen Sie einfach darauf achten, dass die Dinge in Ihrem Leben schön sind. Eleganz und Schönheit müssen nicht in Euro gemessen werden. Es geht darum, dass Sie sich in Ihrer Haut wohlfühlen und sich selbst als elegant wahrnehmen. Dann ist die Forderung nach Schönheit erfüllt. Wenn Sie Lust und Freude bei einem Spaziergang im Wald spüren, werden Sie Ihrem Venusstern gerecht.

Charme und Flirten gehören ebenfalls zum Lebensstil des Venusmenschen, da Liebe, Freundschaft und Popularität eine wichtige Rolle spielen. Sie benutzen diese als weiblich bezeichneten Waffen auch, um etwas zu bekommen, das Sie gerne haben möchten. Es ist auch ein Weg für Sie, Ihre Liebe zu Ihren Mitmenschen auf angenehme Art auszudrücken.

Herausforderung: Venusmenschen, die ihre Freude am Leben nicht ausleben wollen oder können, sind oft neidisch und eifersüchtig auf andere, die sich diese Freiheit herausnehmen. Als Venustyp können Sie Ihren Charme auch auf negative Art einsetzen, um andere zu verführen, das zu tun, was Sie gerne möchten, oder Ihre Eifersucht nimmt rachsüchtige Züge an. So könnten Sie als Beispiel mit einem verheirateten Mann flirten, um seine Frau eifersüchtig zu machen, weil Sie aus irgendeinem Grund auf sie wütend sind.

Eine Herausforderung könnte auch sein, dass Sie der Genusssucht verfallen und Ihr Leben allzu sehr nur auf Vergnügen ausrichten. Drogen, Alkohol, Verschwendungssucht könnten überhandnehmen, weil Sie nicht mehr überblicken, was Ihrer Gesundheit und Ihrem Seelenfrieden guttut und was nicht.

Eine andere Art, negativ mit der Gabe umzugehen, wäre es, von Luxus und Schönheit zu träumen, schöne Dinge aber niemals zu besitzen. Vielleicht denken Sie, Sie müssten ernsthaft sein und dürften nicht spielen. Oder Sie finden, dass Sie diese schönen Dinge nicht verdienen. Oder Sie können nicht sagen, was Sie möchten, und überlassen es anderen Menschen, Ihre Entscheidungen zu treffen. Vielleicht empfinden Sie sich selber nicht als charmant oder merken gar nicht, dass Sie flirten, obwohl es andere Menschen sehen können.

Venus hat auch etwas mit der Kindheit zu tun. Ein Venusstern könnte also ebenso auf ein verletztes Kind hindeuten. Diese Art von Venusstern leuchtet nicht und sieht nicht wie ein Stern aus, sondern eher zerdrückt oder wie eine tatsächliche Wunde oder Verletzung. Dieser Stern hat sein Strahlen verloren und kann das Leben nicht genießen. Dunkle Wolken aus der Kindheit ziehen über ihn und verdecken sein Strahlen. Es ist, als ob er seine Liebe verloren hätte. Durch Schuldgefühle, die in seiner Kindheit gründen, kann er die Schönheit des Lebens nicht genießen. Bei einer solchen Befindlichkeit sollten Sie sich unbedingt professionelle Hilfe suchen, um die Ursache für Ihre Gefühle zu ergründen.

Der Weg aus der Klemme: Es geht darum, dass Sie lernen, Ihr Leben zu genießen; dass Sie Liebe geben und Liebe erhalten; dass Sie flirten und Ihren Charme einsetzen, um anderen Freude zu bringen, und nicht, um etwas zu erreichen.

Abdrücke von Venussternen:

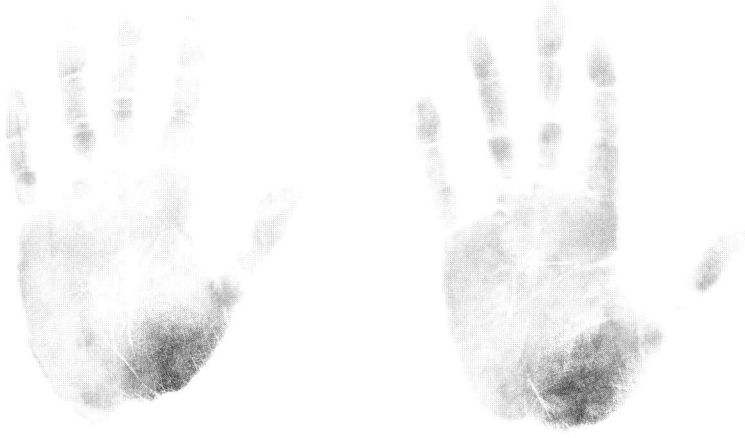

Marsstern

Ein Marsstern (F) ist eine Explosion von Energie in der Marszone, zwischen dem Daumen und dem oberen Ansatz der Lebenslinie unter dem Jupiter.

Begabung: Menschen mit einem Marsstern sind außerordentlich aktive, mutige und kampfbereite Menschen. Zu Mars gehört auch das Feuer. Sie nehmen gerne Risiken auf sich und können sich im Leben gut durchsetzen. Ihren Mut können Sie in verschiedenen Sparten ausleben: rein körperlich z.B. mit Bergsteigen, emotional, indem Sie Ihre Ängste zu überwinden suchen, oder auch mental, indem Sie sich an neue Versuche in der Physik wagen.

Wie bei den meisten Begabungszeichen ist sich ein Besitzer eines Marssterns kaum seiner Gabe bewusst, er weiß gar nicht, dass er mutig ist. Für ihn ist diese Haltung eine Selbstverständlichkeit, und er ist eher erstaunt, dass nicht alle Menschen so sind wie er.

Ein Marsmensch (Mensch mit einem Marsstern!) verkörpert das Männliche und fühlt sich somit auch als Beschützer der Schwächeren, seiner Familie, seiner Freunde, seines Arbeitsplatzes. Auf ihn ist Verlass, dass er einen in heiklen Situationen nicht im Stich lassen wird, oft unter Einsatz seines Lebens. Frauen mit einem Marsstern können diese Beschützerrolle Kindern gegenüber einnehmen, manchmal sind sie auch überfürsorglich.

Herausforderung: Die negative Energie von Mars kann sich in Aggression und Wut entladen. Allzu große Risiken einzugehen, kann auch eine negative Marsreaktion sein. Feigheit, indem man keine Risiken eingeht oder keine Entscheidungen trifft, ist ebenso eine Form, die die negative Marsenergie annehmen kann. Jemanden körperlich oder verbal anzugreifen, ohne die Folgen zu bedenken, ist eine weitere mögliche Reaktion.

Der Weg aus der Klemme: Es geht darum, dass der Eigner eines Marssterns immer wieder Dinge in seinem Leben tut, die Mut erfordern. Er sollte seine überschüssige Energie in Projekte stecken, die ihn begeistern, sei es eine körperliche, emotionale oder mentale Tätigkeit. Wenn er nämlich seine feurige Marsenergie weder positiv noch negativ nutzt, besteht für ihn die Gefahr, seine Aggression gegen sich selber zu kehren und in eine Depression zu verfallen, aus der er keinen Ausweg sieht.

Abdrücke von Marssternen:

Mondstern

Den Mondstern (G) finden wir in der Mondzone, der Zone, die sich zwischen der Kopflinie und der Handwurzel an der äußeren Handkante befindet.

Begabung: Ein Mondstern symbolisiert plötzliche Eingebungen, Intuition und Fantasie. Weil er eine Explosion von Energie darstellt, ist diese für seinen Eigner nicht ständig vorhanden, sondern pulsiert, nimmt ab und wieder zu, wie der Mond selber. Die Grundeigenschaften eines Klarsichtigen (Seite 133) treffen im Großen und Ganzen auch bei einem Mondstern zu, darum schlage ich vor, dass Sie diesen Abschnitt ebenfalls lesen. Der Unterschied zum Mondstern ist der, dass der Klarsichtige sich jederzeit und überall und in allen Situationen auf seine Intuition verlassen kann, während der Stern nur eine sporadische Verbindung zur Intuition darstellt.

Je nachdem, in welcher Position des Mondes dieser Stern prangt, unterscheiden wir verschiedene Qualitäten:

- Im **oberen Drittel des Mondes** ist die Zone der Entdeckung. Die Intuition des Besitzers richtet sich vor allem darauf, Neues zu entdecken.
- Im **mittleren Drittel des Mondes** liegt die praktische Intuition, die sich auf alltägliche Dinge bezieht.
- Im **unteren Drittel des Mondes** kann der Eigner Informationen aus dem tiefen Unbewussten abrufen.

Herausforderung: Wenn Sie Ihrer inneren Führung nicht trauen wollen, könnten Sie in Ihrer Entwicklung stehen bleiben. Sie fühlen sich Ihrer Kraft entfremdet, Sie trauen Ihrer eigenen Urteilskraft nicht mehr, Sie fühlen sich ernüchtert und desillusioniert.

Der Weg aus der Klemme: Lernen Sie, sich auf Ihre Intuition zu verlassen. Sie können lernen, dass Sie die Eingebungen abrufen können, wenn Sie sie brauchen. Entspannen Sie sich, meditieren Sie, öffnen Sie sich Ihrer inneren Führung, schalten Sie auf Empfang. Je mehr Sie Ihre Intuition gebrauchen, desto stärker und zuverlässiger wird sie Ihnen dienen.

Abdrücke von Sternen im oberen Mond:

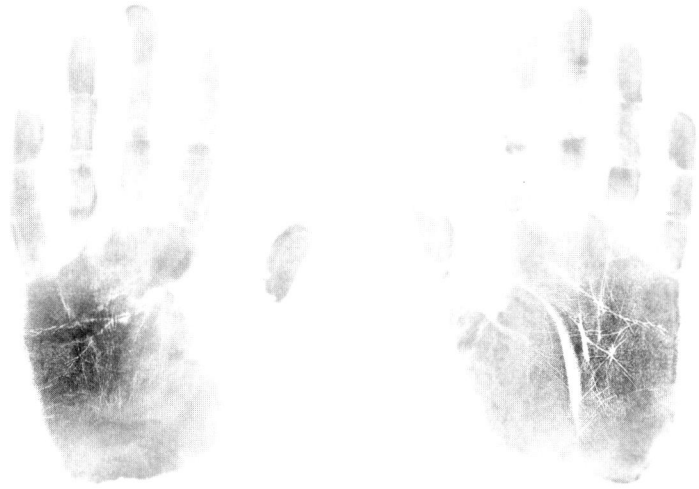

Abdrücke von Sternen im mittleren Mond:

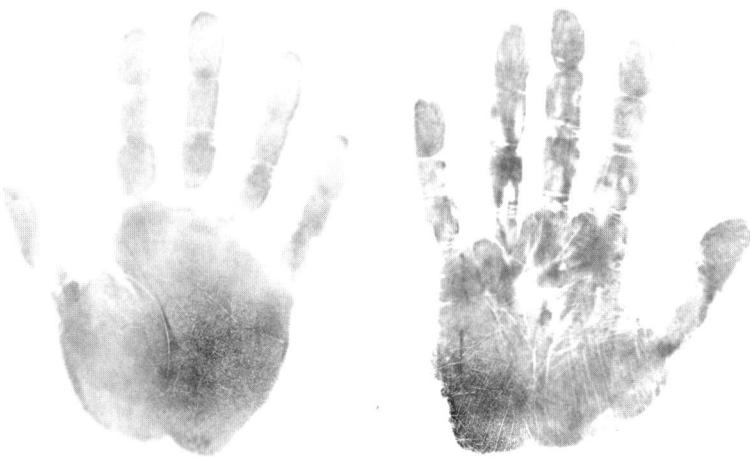

Abdruck eines Sterns im unteren Mond:

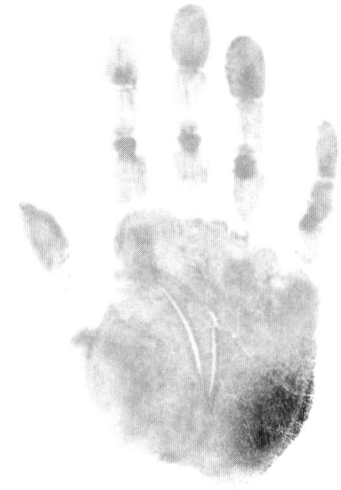

Stern der Weisheit oder Seherstern

Der Stern der Weisheit oder Seherstern (H) sitzt im mittleren Abschnitt des Daumens. Nur ein Stern in diesem Abschnitt auf dem Daumen kann als Stern der Weisheit betrachtet werden. Sterne an anderen Orten auf dem Daumen haben nicht dieselbe Bedeutung.

Begabung: Der mittlere Abschnitt des Daumens symbolisiert im Buddhismus und Hinduismus das Dritte Auge oder die Erleuchtung. Menschen mit einem Seherstern wird die Gabe zuerkannt, Visionen zu erhalten. Im christlich-mystischen Verständnis wird dies als »inneres Sehen« der Seele des Menschen aufgefasst.

Ein Stern der Weisheit unterscheidet sich vom Mondstern und der Klarsichtigkeitslinie dadurch, dass sich die intuitive Fähigkeit seines Eigners auf Visionen bezieht. Unter Umständen kann ein so Begabter tatsächlich in die Zukunft sehen. Er hat eine spirituelle Weisheit, die ihm Seherfähigkeiten gibt. Ein Weiser sollte seinen Einsichten folgen, sich dabei aber sorgfältig überlegen, was er anderen von seinen Erkenntnissen mitteilen möchte. Er sollte durch Nachfragen herausfinden, ob sie bereit für seine Einblicke sind.

Herausforderung: Ein Eigner eines Weisheitssterns ist oft mit Blindheit geschlagen und traut seinen Erkenntnissen nicht. Im Gegenteil, er fürchtet sich vor dem, was er sieht. Dafür bewertet er andere Menschen oft negativ, weil sie das, was er sieht, nicht sehen können. Im Gegenzug ist er so blind, dass er bei sich selber das nicht sehen kann, was andere sehen.

Der Weg aus der Klemme: Tasten Sie sich vorsichtig an Ihre Begabung heran. Wenn Sie bezüglich anderer eine Blitzeinsicht haben, z. B. dass der Bruder Ihres Gegenübers schwer krank ist und sterben könnte, dann fragen Sie zuerst, wie es diesem Bruder geht. Je nachdem, wie die Person reagiert, können Sie langsam vorbringen, was Sie sehen. Fallen Sie nicht mit der Tür ins Haus. Seherfähigkeiten sind nicht alltäglich und können großen Schaden anrichten, wenn sie falsch gehandhabt werden.

Abdrücke von Sehersternen:

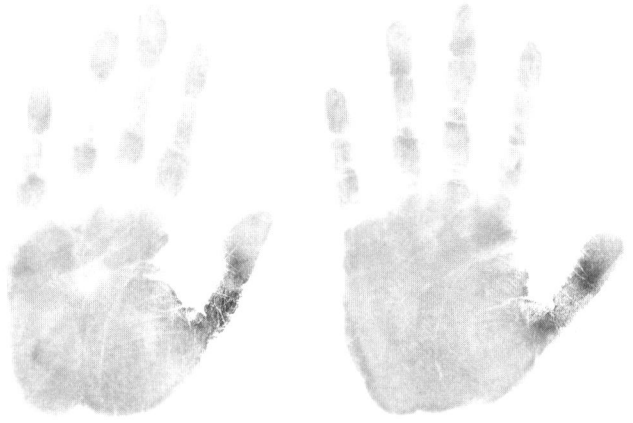

Neptunstern

Der Neptunstern (I) prangt in der Mitte der Handfläche wenig oberhalb oder an der Handwurzel. Er darf nicht die Saturn- bzw. Karrierelinie als Teil der Formation benutzen.

Begabung: Sterbebegleiter oder Hospizpfleger könnten einen Neptunstern besitzen, denn eine tiefe Emotionalität, Menschenliebe und Idealismus kennzeichnen diese Menschen. Der tief empfundene Wunsch anderen zu helfen, ihre Gefühle in den Griff zu bekommen, ist die Antriebskraft bei diesen Menschen. Mutter Theresa könnte als Archetyp für den Neptunstern gelten.

Der griechische Gott Poseidon wird dem römischen Gott Neptun gleichgesetzt. Er war ursprünglich der Gott der fließenden Gewässer, bevor er zum Gott des Meeres erkoren wurde. Wasser ist anpassungsfähig und kann still daliegen oder sich in stürmischen oder kleinen, ruhigen Wellen bewegen. Das Meer ist tief und unerforscht. In seinen Tiefen kann ein Erdbeben eine Riesenwelle auslösen, die sich dann als Tsunami zerstörerisch auswirkt. Luftdruckveränderungen und Wasser können einen Hurrikan auslösen, der auf seinem Weg über die Weltmeere alles verwüstet, was ihm in die Quere kommt. Wasser kann kochen und verdampfen – und alle diese Bilder können wir auf das Gefühlsleben übertragen.

Durch Ihre Begabung, Ihre eigenen Gefühle tief ausleuchten und erfassen zu können, sind Sie in der Lage, andere Menschen durch besonders schwierige emotionale Situationen zu begleiten, z. B. nach dem Tod eines Kindes oder während des Sterbeprozesses.

Herausforderung: Unerklärbare Gefühle können Sie zu gewissen Zeiten übermannen, wenn Sie nicht bereit sind, ihnen auf den Grund zu gehen. Sie fühlen sich dann vielleicht als

Quelle aller menschlichen Traurigkeit, aus der Sie den Weg hinaus nicht finden können. Die größte Gefahr ist, in dieser Depression stecken zu bleiben. Sie fühlen sich dann Ihren eigenen Gefühlen und ihrer Intuition entfremdet. In Beziehungen finden Sie den Draht zu Ihrem Partner, Ihren Freunden, Ihrer Familie nicht mehr.

Der Weg aus der Klemme: Es geht darum, andere Menschen an Ihren emotionalen Einsichten teilhaben zu lassen. Wenn Sie tief in den Brunnen der menschlichen Traurigkeit versunken sind, benötigen Sie unter Umständen professionelle Hilfe, um aus dem Morast wieder herauszukommen. Nur wenn Sie gelernt haben, mit Ihrer eigenen Traurigkeit umzugehen, können Sie auch anderen helfen – was Ihre Aufgabe wäre.

Abdrücke von Neptunsternen:

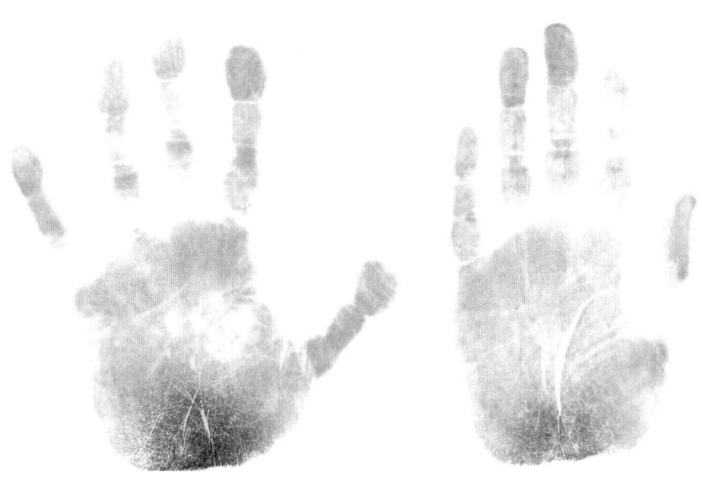

Zusammenfassung der Begabungszeichen

Name Bezeichnung	Begabung	Herausforderung / möglicher Preis	Weg aus der Klemme
Reines Herz Menschenfreund	Bedingungslose Liebe & Annahme aller Lebewesen	Naivität & fehlende Grenzen / gebrochenes Herz	Sich eigene Bedürfnisse und Freuden erlauben
Simian Vereinte Herz-/Kopflinie	Intensität, Klarheit, Extremismus, ein Genie	Fehlkommunikation bei Gefühlen / fühlt sich missverstanden, zieht sich zurück	Seiner besonderen Begabung bewusst werden
Supercomputer Tintenfischgehirn	Kann zehn Sachen auf einmal, Problemlöser	Langeweile / verursacht emotionale Probleme	Komplexe Probleme zur Lösung suchen
Persephone Königin der Unterwelt	Ganzheitliche Wahrnehmung, psychische Kraft, Einfühlungsvermögen	Unselbstständigkeit, Bewältigung des Alltags / Depression	Erkenntnis, Depression annehmen
Klarsichtigkeit LebensCoach	Einsicht in die Gesetzmäßigkeiten des Lebens	Entfremdung, Verlust des Realitätsbezugs / verliert Gabe	Gabe annehmen & an sie glauben
Genielinien Autor, Redner	Schreib-, Redegenie	Falsche Kommunikation mit dem Publikum / sich im Kreise drehen	Schreiben! Reden!

Name Bezeichnung	Begabung	Herausforderung / möglicher Preis	Weg aus der Klemme
Heilerlinien Begabter Heiler	Inspirierte Kommunikation, ganzheitliches Bewusstsein	Blockaden in eigenen intimen Beziehungen / Entfremdung vom Partner	Heile dich selbst
Jupiterstern Klassensprecher	Erfolgstyp, einflussreiche Person	Kein Selbstvertrauen, keine Kraft / »Eismutter«	Ein eigenes Betätigungsfeld suchen
Saturnstern Midas' Berührung	Kraftquelle, Radnabe, Reichtumsgenerator	Mangelndes Selbstwertgefühl / Reichtum für andere	Sich nicht ausnutzen lassen, eigene Ressourcen anzapfen
Apollostern Ruhm und Reichtum in den Künsten	Künstler im Rampenlicht	Angst vor Kritik, Selbstkritik / Tatenlosigkeit, Entfremdung	Disziplin, Weiterbildung, Mentor
Merkurstern Der Geistreiche	Einfallsreichtum, Scharfsinn, Klugheit	Naivität, Ahnungslosigkeit / Orientierungslosigkeit	Glaube an dich selbst!
Venusstern Sucher nach Freude	Freude an Schönheit & Spiel	Eifersucht, Rachsucht / Genusssucht, keine Freude	Liebe, Lebensfreude

Name Bezeichnung	Begabung	Herausforderung / möglicher Preis	Weg aus der Klemme
Marsstern Mut	Mut, Kraft & Kampfbereit-schaft	Zu große Risiken, Wut, / Aggres-sion, Streitsucht, Depression	Energie positiv nut-zen
Mondstern Intuition	Intuition, Fantasie, plötzliche Eingebungen	Ernüchterung / Stagnation, Ent-fremdung	Sich auf Intuition verlassen, Meditation, Entspannung
Weisheits-stern Der Seher	Visionen, spirituelle Weisheit	Angst, Einblicke anderen mitzutei-len / emotionale Blindheit	Vorsichtig ausprobie-ren, im ge-schützten Rahmen anderen mitteilen
Neptunstern Hospiz-pfleger	Menschen-liebe, Idealis-mus	Traurigkeit / Ertrinken in eige-nen unerklärba-ren Gefühlen	Kontakt zu Menschen suchen, professionel-le Hilfe

8 – Die wichtigsten Nebenlinien und weitere Zeichen

In den Händen gibt es neben den vier Hauptlinien (Herzlinie, Kopflinie, Lebenslinie, Saturnlinie) noch viele weitere Linien, die so individuell wie die betreffenden Menschen sind. Wichtig ist es immer, dass Sie schauen, in welchem Bereich der Hand sich die Linien befinden und von wo nach wo sie verlaufen. Mit ein wenig Erfahrung werden Sie mit der Zeit selber herausfinden können, was diese Linien bedeuten.

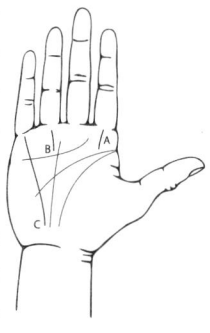

In diesem Kapitel behandle ich die wichtigsten Nebenlinien und weitere Zeichen.

Die Jupiterlinie

Eine Jupiterlinie (A) finden Sie unter dem Jupiterfinger. Sie scheint aus der Kopf- und/oder der Lebenslinie herauszuwachsen. Ihre Bedeutung ist ähnlich wie die einer Saturnlinie, die oberhalb der Herzlinie in Richtung Jupiter verläuft.

Gesunder Ehrgeiz, positive Macht, Kraft, Autorität, Führungsbegabung, Selbstvertrauen sind Jupiterwörter. Eine Jupiterlinie weist auf diese Eigenschaften hin. So werden Ihre persönliche Kraft und Motivation Sie dazu bringen, eine optimale Leistung einzubringen, um ein Ziel zu erreichen, und es wird Ihnen große Befriedigung geben, wenn Sie dieses Ziel erreicht haben.

Abdrücke von Jupiterlinien:

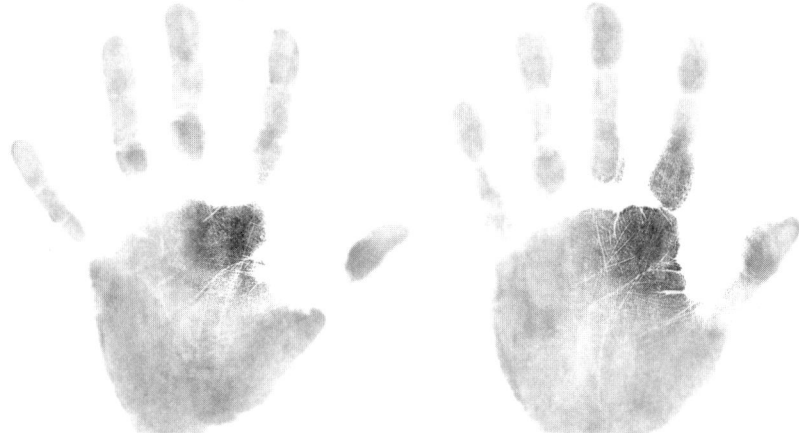

Die Apollolinie

Die Apollolinie (B) nimmt ihre Energie vom Apolloberg unter dem Jupiter. Meist beginnt diese Linie erst oberhalb der Herzlinie und ist nicht sehr lang. Sie deutet auf Gestaltungsdrang, das Bedürfnis nach Selbstausdruck, Anerkennung und Applaus hin (siehe Apollofinger, Seite 43, im Kapitel »Daumen und Finger«.) Sind mehrere Apollolinien vorhanden, was häufig vorkommt, dann besteht bei Ihnen Verwirrung, in welcher

Art Ihre Kreativität ihren Ausdruck finden soll. Wahrscheinlich haben Sie in mehrere Richtungen eine Begabung. Sie können gut singen, aber auch zeichnen und tanzen. Eine oder mehrere Apollolinien sind eine Aufforderung, nach der Begabung zu forschen, die Ihnen am meisten Befriedigung in Ihrem Selbstausdruck bringt, wo Sie sich am wohlsten fühlen und mit welcher Sie am meisten Applaus ernten können.

Wenn Sie sich für eine Richtung entschieden haben, müssen Sie Ihre Begabung auch schulen. Ihre Stimme kann wunderschön sein, Ihre Begabung zu zeichnen Ihnen viel Lob einbringen, Rhythmus und Fluss Ihre Bewegungen beim Tanzen prägen. Ohne fleißiges Üben und Erlernen von Techniken bleiben Ihre Talente jedoch mittelmäßig. Paul Potts hat eine wunderschöne Stimme, aber ohne Gesangsunterricht würde sie nie die Fülle haben, die wir kennen.

Eine Apollolinie, die im Mondberg beginnt, ist eine Talentlinie und weist auf eine außergewöhnliche Begabung hin, die mit dem Einfluss des Mondes, mit Intuition und Fantasie, zusammenhängt.

Beginnt eine Apollolinie bei der Handwurzel und ist sie besonders lang, gehört sie am ehesten einem Berufskünstler, oder einem, der es noch werden will.

Abdrücke von Apollolinien:

Mehrere Apollolinien

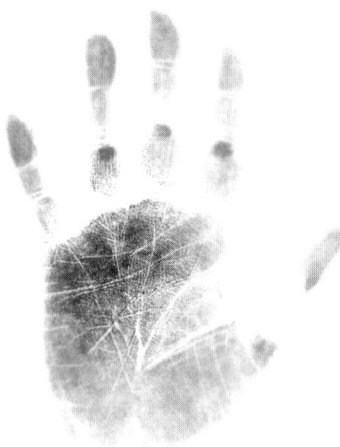

Mehrere, eine kristallisiert sich heraus

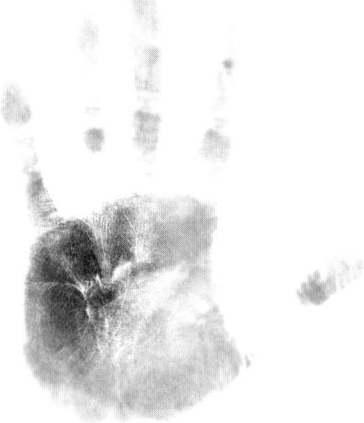

Eine ausgeprägte Apollolinie

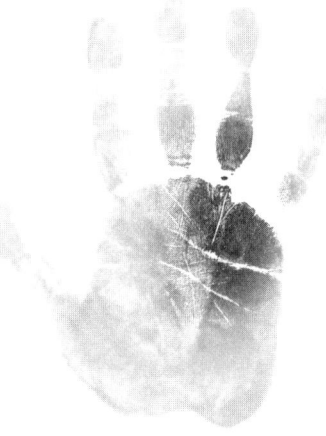

Eine Apollolinie ab Herzlinie

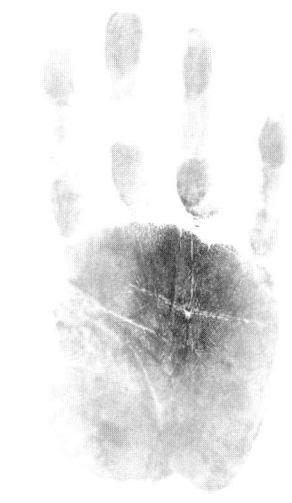

Eine lange Apollolinie

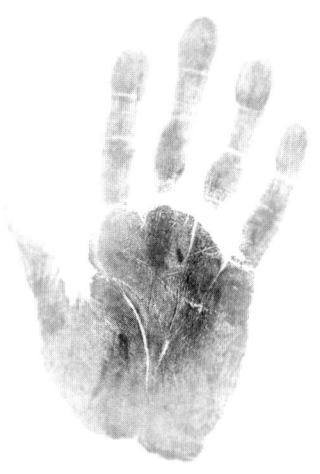

Eine feine, sehr lange Apollolinie

Die Merkurlinie

Nicht alle Hände weisen eine Merkurlinie (C) auf, aber wo sie vorhanden ist, bezieht sie sich auf eine starke innere Stimme und auf Einsicht. Hat sie ihren Ursprung bei der Handwurzel, verläuft sie bis zum Merkur und ist sie die stärkste senkrechte Linie in der Hand, so deutet sie auf den nach Einsicht Suchenden hin.

Ist sie doppelt gezeichnet, sind zwei innere Stimmen vorhanden, die miteinander in Konflikt stehen. Wenn diese doppelte Merkurlinie auch noch ihren Ursprung innerhalb der Lebenslinie hat, so dürfte der Einfluss der Familie – und besonders eines starken Elternteils – bedeutend sein.

Je kürzer die Merkurlinie ist, je weiter unterhalb des Merkurfingers sie aufhört, desto schlechter ist die Kommunikation Ihrer Einsichten nach außen. Sie sind zwar vorhanden, aber Sie können sie anderen nicht mitteilen. Beginnt die Merkurlinie erst weit oben, vielleicht sogar erst oberhalb der Herzlinie, so können Sie zwar Ihre Einsichten anderen leicht mitteilen, aber womöglich kommen sie nicht aus Ihrem tiefsten Inneren, sondern sind angelernt und nicht ein Teil Ihrer selbst. Auch hier können die Einsichten von einem Elternteil stammen.

Abdrücke von Merkurlinien:

Außergewöhnlich lange und starke Merkurlinie

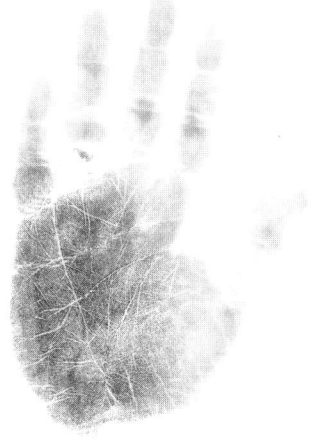

Stark, lang

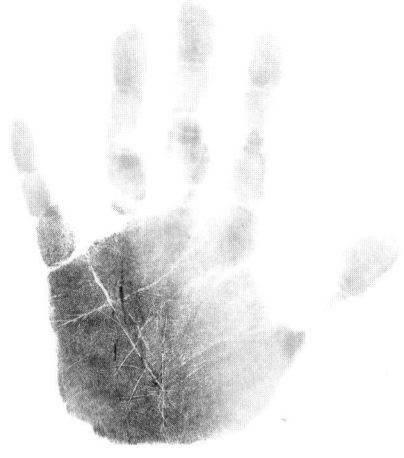

Merkurlinie, nicht auffallend

Doppelte Merkurlinie – zwei Stimmen

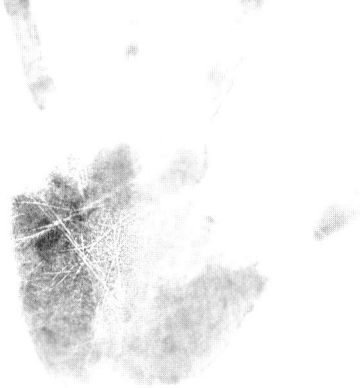

Mehrere Merkurlinien

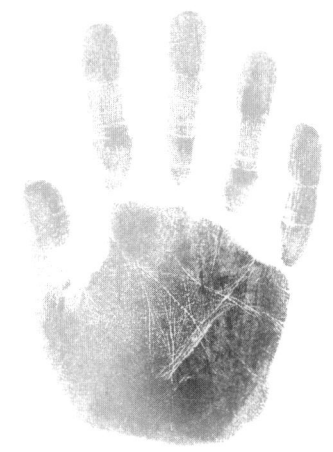

Salomonringe

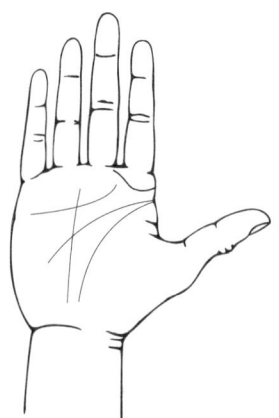

Ein Salomonring ist eine feine Linie, die sich um den Jupiter schwingt.

Wir kennen König Salomon hauptsächlich aus der Bibel. Es ist noch umstritten, ob er eine geschichtliche Figur war oder nicht. König Salomon soll der Sohn Davids gewesen sein und verkörpert Weisheit. Im Alten Testament, im Buch der Könige, Kapitel 3, Verse 16 ff., steht die Geschichte von zwei Prostituierten, die mit einem

Kind zu König Salomon kamen, um von ihm beurteilen zu lassen, wer die Mutter des Kindes sei. Jede hatte ein Kind geboren, und das Kind der einen war in der Nacht gestorben, weil die Mutter es erdrückt hatte. König Salomon befahl, das Kind mit einem Schwert zu teilen, so dass jede eine Hälfte des Kindes bekommen würde. Daraufhin protestierte die eine Frau und verzichtete auf das Kind, damit es am Leben bleiben könne. So war allen klar, wer die Wahrheit sagte, und König Salomon erklärte sie zur rechtmäßigen Mutter.

Menschen mit einem Salomonring besitzen die Weisheit des Königs Salomon und haben die Gabe, hinter der Fassade der Menschen die Wahrheit zu erkennen. Sie haben einen Röntgenblick, der mehr sieht, als er sehen möchte.

Es können mehrere Salomonringe vorhanden sein, und je mehr Ringe zu sehen sind, desto größer ist die Gabe, bei anderen Menschen hinter die Maske sehen zu können.

Wenn Sie einen oder mehrere Salomonringe haben, sollten Sie sehr vorsichtig mit Ihrer Gabe umgehen. Behalten Sie das, was Sie sehen, für sich, außer wenn Sie um Rat gebeten werden. Hören Sie gut zu, denken Sie sich das Ihre, verlassen Sie sich auf Ihre Intuition, aber werfen Sie Ihre Erkenntnisse anderen nicht an den Kopf. Meistens mögen es Menschen gar nicht, wenn sie sich hinter ihrer Maske ertappt fühlen. Jeder möchte sich so der Welt präsentieren, wie er es sich sein Leben lang zurechtgelegt hat. Der, der ihn bloßstellen kann, ist nicht sein Freund.

Abdrücke von Salomonringen

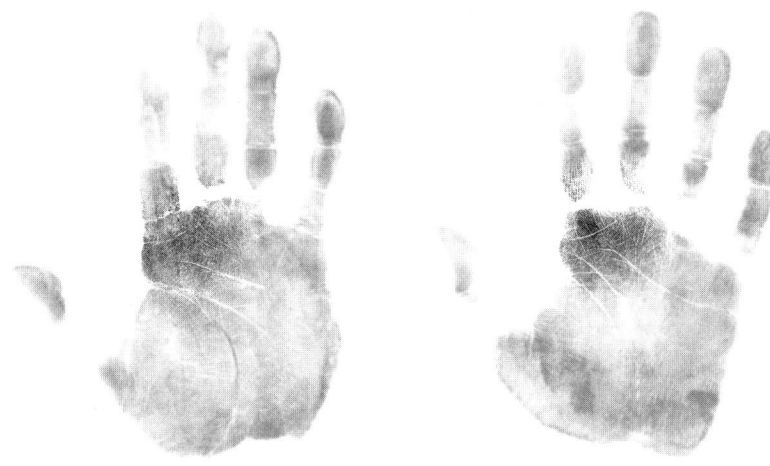

Mehrere Salomonringe

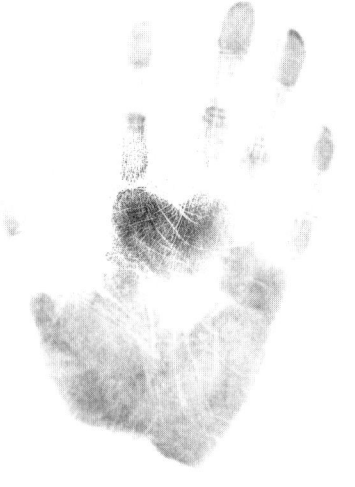

Das Lehrerquadrat

Wenn vier Linien eine Schachtel unter dem Jupiterfinger bilden (eine davon könnte ein Salomonring sein), nennen wir dieses Zeichen »Lehrerquadrat«. Es weist auf eine natürliche Begabung für das Lehren hin. Meistens übernehmen diese Menschen auf irgendeine Art und Weise eine Lehrtätigkeit.

Abdrücke von Lehrerquadraten:

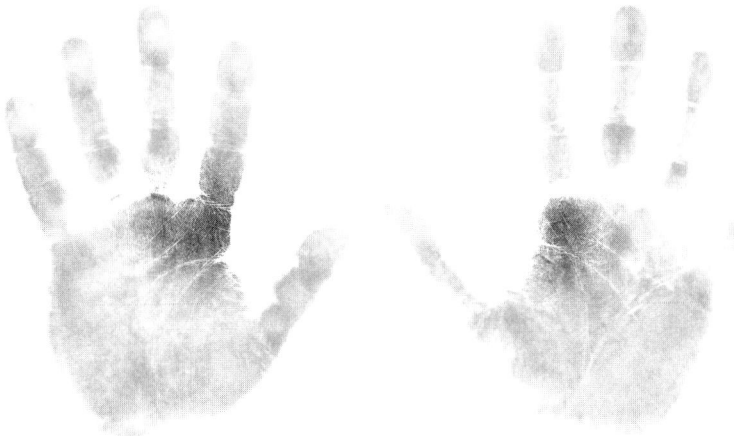

Der Venusgürtel

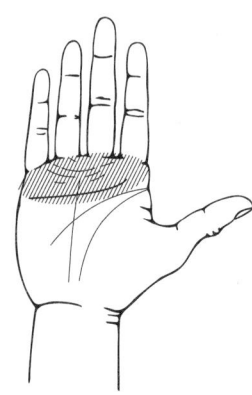

Einen oder mehrere Venusgürtel finden wir zwischen der Herzlinie und den Fingeransätzen.

Venusgürtel stellen eine »dünne Haut« im übertragenen Sinne dar. Je mehr Gürtel vorhanden sind, desto sensibler ist der Eigner. Menschen mit Venusgürteln sind meist emotional empfindlich und sehr sensibel. Die Gürtel dienen als Schutzwall gegen allzu starke Gefühle. Sie versinnbildlichen Gefühle, die in Fantasie und idealisierte Bilder abgleiten können, wenn sich der Besitzer eines solchen Gürtels vor der Realität in eine Fantasiewelt flüchtet. Menschen mit Venusgürteln haben die Tendenz, sich hinter Mauern zu verschanzen. Die Gürtel müssen nicht zusammenhängen sein, sondern können sich über die ganze Fläche oberhalb der Herzlinie in kleine gebrochene und übereinander liegende Stückchen verteilen. Eine solche Person reagiert nervös und empfindlich auf alle äußeren Reize. Sie verabscheut Lärm und große Menschenansammlungen. Sie braucht Frieden, Ruhe und Sicherheit, um sich gefühlsmäßig und körperlich ihren Begabungen entsprechend im Alltag bewegen zu können.

Je nachdem, welche Finger der Venusgürtel umfasst, hat er eine etwas andere Aussage:

● Der Gürtel umfasst den *Jupiter*: Dieser Venusgürtel wird der Heldenverehrungsgürtel genannt. Menschen mit diesem Zeichen neigen dazu, sich Vorbilder zu suchen, die sie idealisieren und denen sie nacheifern können.

● Der Gürtel umfasst *Saturn, Apollo und Merkur*: Dieser Gürtel wird die Sisyphus[8]-Linie genannt. Für eine Person mit einem solchen Venusgürtel ist die Intimität ein Thema. Sie hat das Gefühl, dass sie in ihrer engsten Beziehung einen Schritt vor und zwei zurückmacht, dass sie nicht vorwärtskommt.

● Ist der Gürtel *unter dem Apollo verstärkt oder verdoppelt*, besteht eine große Angst vor Kritik, vor Auftritten in der Öffentlichkeit, vor einer Stellungnahme im gesellschaftlichen Umfeld.

● Ein verstärkter Saturngürtel stellt eine verstärkte Konfliktanfälligkeit in Zusammenhang mit Verträgen dar. Diese Person hat Angst, dass sie die Ansprüche an ihre Verantwortlichkeit nicht erfüllen kann. Sie fühlt sich schuldig, wenn etwas nicht ganz richtig läuft und muss ihr Herz vor solchen schlechten Erfahrungen durch einen Gürtel schützen.

---

8 Sisyphus stammt aus der griechischen Sagenwelt und musste als Strafe für böse Taten in der Unterwelt einen Felsen einen Berg hinaufstoßen. Sobald er oben angekommen war, rollte der Felsen wieder rückwärts den Berg hinunter, und Sisyphus musste ihn von Neuem den Berg hinaufstoßen. Dies sollte sich bis in alle Ewigkeit wiederholen.

Abdrücke von Venusgürteln:

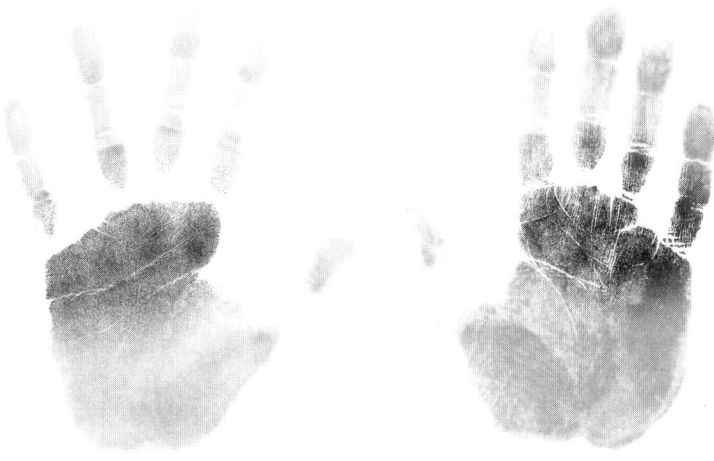

Zwei Venusgürtel

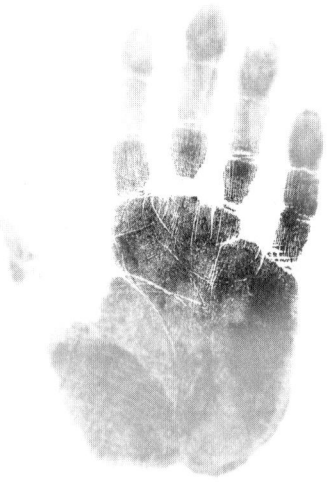

Mehrere Venusgürtel

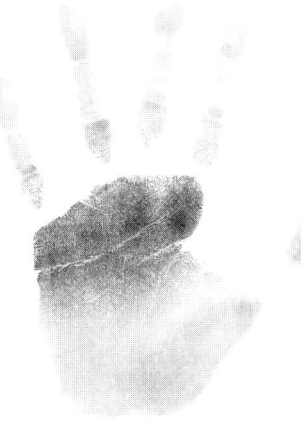

Der Venusgürtel umfasst auch Jupiter

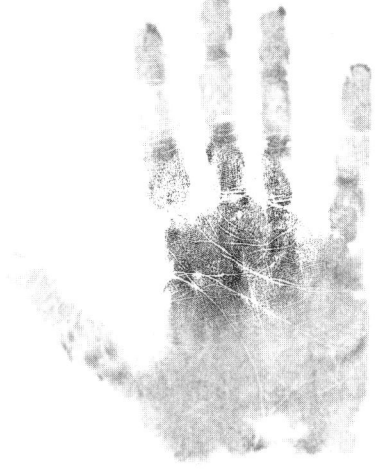

Der Venusgürtel umfasst Saturn, Apollo und Merkur

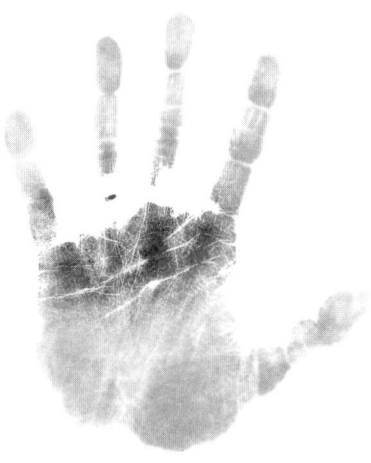

Venusgürtel unter Apollo verstärkt

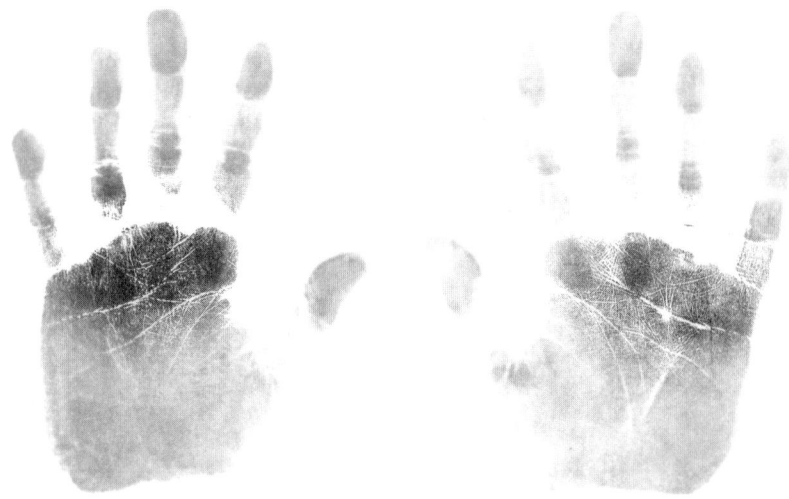

Venusgürtel unter Saturn verstärkt

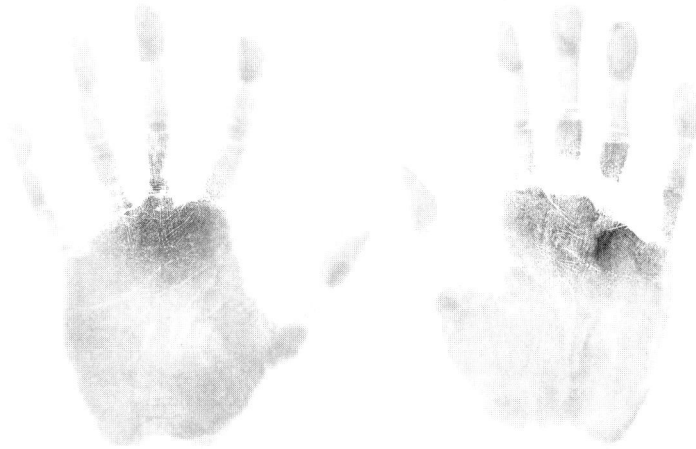

Der Wunschüberlagerungsstern

Der Wunschüberlagerungsstern ist ein Stern, der nicht wie die Begabungssterne eine Explosion von positiver Energie darstellt. Er ist ein Stern, der mit der Kopflinie, einer Merkurlinie und einer Apollolinie in einem gemeinsamen Punkt zusammenkommt.

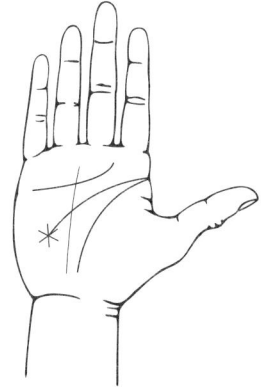

Die Kopflinie stellt das Denken dar, die Merkurlinie ist die innere Stimme, und die Apollolinie weist auf die Angst vor

Kritik hin. Im Stern sind diese Energien vermischt und bringen den Eigner in Konflikt mit seinen eigenen Wünschen. Wenn Sie einen solchen Stern haben, dann werden Ihre Wünsche von den Wünschen anderer überlagert, und Sie wissen oft nicht, wie Sie zwischen den beiden unterscheiden können. Meist hängt die innere Stimme mit der mächtigen Stimme eines Elternteils zusammen, der seine eigenen Wünsche und Hoffnungen auf Sie als Kind projiziert hat. Wenn Sie die Wünsche der anderen nicht erfüllen, geben Sie sich der Kritik preis, was Apollo gar nicht gerne hat.

Ein Wunschüberlagerungsstern ist ein mächtiges, einflussreiches Zeichen, das Ihnen Ihr Leben versauern kann. Wenn Sie einen solchen in Ihrer Hand finden, dann übt er einen großen Einfluss auf Ihr Leben aus. Sie müssen lernen, sich wieder auf Ihre eigenen Wünsche zurückzubesinnen. Überlegen Sie bei jeder Entscheidung, ob es Ihr Wunsch ist oder der Wunsch anderer – Ihres Partners, Ihrer Kinder, Ihrer Eltern, Ihres Chefs, Ihrer Freunde. Versuchen Sie ganz bewusst, jeden Wunsch zu hinterfragen. Üben Sie bei kleineren Entscheidungen: »Was will **ich** heute Abend essen?« »Welches Programm möchte **ich** im Fernsehen anschauen?« »Welchen Film möchte **ich** sehen?« »Wohin möchte **ich** in den Ferien verreisen?«

Abdrücke von Wunschüberlagerungssternen:

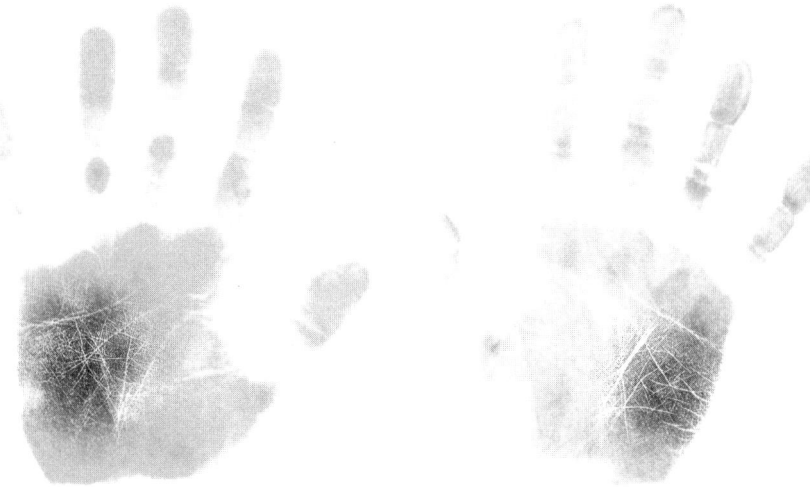

Zusammenfassung der Nebenlinien und weiterer Zeichen

Jupiterlinie	Ehrgeiz, Macht, Autorität, Führungsbegabung
Apollolinie	Gestaltungsdrang, Selbstausdruck, Anerkennung, Applaus, Begabung
Merkurlinie	Innere Stimme, Einsicht
Salomonring	Weisheit, Gabe, hinter die Fassade zu sehen
Lehrerquadrat	Begabung, etwas zu lehren
Venusgürtel	»Dünne Haut«, Sensibilität, Fantasie
Wunschüberlagerungsstern	Die Wünsche der anderen überlagern die eigenen Wünsche

9 – Die wichtigsten Grundsätze in Kürze

Nun bleibt mir vorläufig nichts, als Ihnen viel Freude beim Erlernen der Handanalyse zu wünschen. Lassen Sie mich die wichtigsten Grundsätze noch einmal zusammenfassen.

Am besten erlernen Sie die Handanalyse, wenn Sie Ihre eigenen Hände gründlich kennen und wenn Sie möglichst viele Hände anschauen. Aus Gründen des Persönlichkeitsschutzes konnte ich Ihnen eine Vielfalt von Linien, Formen und Zeichen anhand der Beispiele in diesem Buch nicht deutlicher zeigen. Aber jeder Abdruck einer Hand weist neben der hervorgehobenen Linie auch noch andere Merkmale auf, die Sie anschauen können.

Eigenschaften, die Sie in einer Hand sehen, sind nie nur positiv oder negativ zu werten. Jede vordergründig positive Eigenschaft hat auch negative Untertöne und umgekehrt. Menschen sind von Natur aus widersprüchlich.

Denken Sie an die Goldlöckchen-Regel: Zu viel ist nicht gut, zu wenig ist nicht gut, wir streben nach dem »genau richtig«.

Handanalyse ist kein Party-Spiel. Lehnen Sie also jede Bitte, mal so schnell zwischen Tür und Angel Hände zu analysieren, ab. Ein seriöser Arzt wird auch nicht auf einer Party eine Diagnose stellen, sondern den Patienten bitten, in seine Praxis zu kommen.

Gehen Sie liebevoll und umsichtig mit dem Vertrauen um, das Ihnen entgegengebracht wird.

Führen Sie immer ein Gespräch, lassen Sie Ihre Aussagen nicht im leeren Raum stehen.

Erteilen Sie keine Ratschläge, bevor Sie nachgefragt haben, ob ein Rat auch erwünscht ist.

Neben den in diesem Buch beschriebenen Linien und Zeichen gibt es noch viele weitere, die ich in späteren Publikationen beschreiben möchte. Wenn Sie jedoch die Bedeutungen der hier beschriebenen Linien und Zeichen beherrschen, können Sie viel über die Persönlichkeit anderer Menschen aussagen.

Anhang 1 – Fragen und Antworten

Fragen zu Daumen und Finger

1. Welche Eigenschaft hat der Daumen, die ihn zu einem so wichtigen Werkzeug macht?
2. Was bedeutet es für Menschen, wenn sie einen kleinen Daumenwinkel haben?
3. Braucht eine Person, die einen hoch angesetzten Daumen hat, eine lange Anlaufzeit, bis sie ein Problem anpackt?
4. Was bestimmen wir mit dem Dschungeltest?
5. Nennen Sie drei Eigenschaften, die Menschen mit einem dominanten Saturn haben.
6. Ist ein Mensch mit einem starken Jupiter redegewandt?
7. Welcher Finger könnte dominant sein, wenn Sie eine Sängerin sehen, die vor einem Auftritt vor Lampenfieber zittert?
8. Wenn Sie einem sehr misstrauischen Menschen begegnen und auf seine Finger schauen, was werden Sie wahrscheinlich sehen?
9. Werden Sie einen großen, abstehenden Daumen und einen starken Jupiter bei der schüchternen Damenschneiderin von nebenan finden?
10. Welcher dominante Finger sagt: »Mach erst die Hausaufgaben, dann kannst du spielen gehen«?

Antworten zu Daumen und Finger

1. Der Daumen steht in Gegenstellung zu den anderen vier Fingern und kann in dieser Position jeden Finger derselben Hand berühren.

2. Sie sind introvertiert und behutsam und haben nur ein kleines Tätigkeitsfeld.

3. Ja.

4. Es ist eine Methode, um den dominanten Finger einer Hand herauszufinden.

5. Beispielsweise Zuverlässigkeit, Sicherheit, Selbstwertgefühl, Disziplin, aber auch Melancholie, harte Arbeit, Hemmnis.

6. Diese Eigenschaft steht eher einem Menschen mit einem starken Merkurfinger zu.

7. Sehr wahrscheinlich hat sie einen dominanten Apollofinger.

8. Einen schwachen und krummen Merkurfinger.

9. Es würde Sie erstaunen, wenn es so wäre. Wahrscheinlich hätte sie den falschen Beruf, und Sie müssten ihr raten, eine Führungsstellung zu suchen.

10. Das sagt der Saturnfinger.

Fragen zu Herzlinien

1. Nennen Sie drei Eigenschaften, die Sie jemandem zuordnen würden, der eine kurz geschwungene Herzlinie hat.
2. Glauben Sie, dass jemand, der eine kurze, gerade Herzlinie hat, romantisch ist?
3. Was bedeuten Blasen auf einer Herzlinie?
4. Welchem Element wird die lange gerade Herzlinie zugeschrieben?
5. Wie sieht eine Herzlinie aus, zu der folgende Eigenschaften passen: empfindlich, einfühlsam, fürsorglich.
6. Welche Herzlinie entspricht einem Menschen, der viel über die Probleme anderer nachdenkt und für sie die Verantwortung übernimmt?
7. Welcher Typ schließt spontan und schnell neue Freundschaften, weiß immer genau, was er will und hat ständig neue Projekte im Kopf?
8. Welcher Typ könnte wortkarg, stur und unnachgiebig werden?
9. Welcher Herzlinie ordnen wir das Element Wasser zu?
10. Beschreiben Sie den Romantischen Idealisten mit drei Eigenschaftswörtern.

Antworten zu Herzlinien

1. Zum Beispiel: aktiv, energisch, impulsiv, temperamentvoll (siehe Eigenschaften des Leidenschaftlichen).
2. Nein, er ist eher nüchtern in seinem emotionalen Ausdruck.
3. Blasen auf der Herzlinie weisen auf große Sorgen und Verwirrung in Bezug auf Herzensangelegenheiten hin.
4. Luft.
5. Das ist die lange, geschwungene Linie des Großen Herzens.
6. Dem Romantischen Idealisten.
7. Der Leidenschaftliche.
8. Der Einsiedler.
9. Dem Großen Herzen.
10. Experimentierfreudig, geistreich, redegewandt.

Fragen zu Kopflinien

1. Ist jemand mit einer langen Kopflinie entscheidungsfreudig?
2. Welche Eigenschaften hat die Kopflinie eines Menschen, für den die Familie im Mittelpunkt seines Lebens steht?
3. Welche Eigenschaft schreiben wir einem Menschen zu, bei dem zwischen Lebenslinie und Kopflinie ein großer Abstand klafft?
4. Wie ist die Kopflinie eines Menschen, der logisch und analytisch denkt?
5. Welche Eigenschaft hat der Eigner einer Kopflinie, die am Ende gegen oben peitscht?
6. Wie nennen wir das Begabungszeichen einer superlangen Kopflinie, die bis zum Handrand reicht?
7. Wenn jemand sich nicht entscheiden kann, weil er zu viele Möglichkeiten sieht, hat er eine wie geartete Kopflinie?
8. Wie sieht der Ursprung einer unabhängigen Kopflinie aus?
9. Wie heißt eine Kopflinie, die mit einem langen Schwung im Mond endet?
10. Welche Eigenschaften weist ein Mensch mit einer geschwungenen Kopflinie auf?

Antworten zu Kopflinien

1. Nein, kurzentschlossene Menschen haben eine kurze Kopflinie.
2. Kopflinie und Lebenslinie sind oberhalb des Daumens über eine lange Strecke miteinander verbunden.
3. Dieser Mensch ist sehr selbstständig denkend, eigenwillig bis stur.
4. Die Kopflinie ist gerade.
5. Der Mensch hat einen messerscharfen Verstand und kann zuweilen sarkastisch wirken.
6. Das ist eine Supercomputerlinie.
7. Er hat eine lange Kopflinie.
8. Die Kopflinie weist einen kleinen Abstand zur Lebenslinie auf.
9. Das ist eine Persephonelinie, ein Begabungszeichen.
10. Seine Denkweise ist subjektiv, fantasievoll, intuitiv und kreativ.

Fragen zu Lebenslinien

1. Können Sie an der Länge Ihrer Lebenslinie erkennen, wie lange Sie noch leben werden?
2. Wie könnte Ihre Lebenslinie aussehen, wenn Sie sich unsicher fühlen und nicht zur Ruhe kommen können?
3. Sind Sie ein abenteuerlustiger Mensch, wenn Ihre Lebenslinie weit weg vom Daumen im Mond ihren Ursprung findet?
4. Was bedeutet eine doppelte Lebenslinie?
5. Sie haben eine lange, geschwungene Lebenslinie. Nennen Sie drei Eigenschaften, die zu einer solchen Linie passen.
6. Ihre Lebenslinie entspringt einem Punkt zwischen Ihrem Daumen und der Mitte Ihrer Hand. Ist Ihnen die Geborgenheit Ihres Heimes wichtiger als die Schönheit der Natur?

Antworten zu Lebenslinien

1. Nein, die Lebenslinie gibt Auskunft über Ihre Verwurzelung und zeigt auf, wie gut Sie sich in Ihrer Familie und Ihrem Körper verankert fühlen.
2. Wahrscheinlich ist Ihre Lebenslinie unterbrochen.
3. Ja, Abenteuer- und Reiselust prägen Ihr Leben. Sie möchten zu neuen Ufern aufbrechen und sind rastlos und unabhängig in Ihren Ansichten.
4. Der Eigner einer doppelten Lebenslinie hat viel aktive Energie zur Verfügung, um schwierige Situationen anzupacken.
5. Beständigkeit, Geborgenheit, Standfestigkeit, Urvertrauen, gutes Selbstwertgefühl, Lebensenergie, Entspannung, Freude, Ausgeglichenheit.
6. Ja, Sicherheit und Unterstützung Ihrer Familie sind Ihnen das Wichtigste im Leben.

Fragen zu Saturnlinien

1. Sie haben den Familienbetrieb, eine Maschinenfabrik, übernommen, obwohl Sie lieber Schauspieler geworden wären. Wo ist der untere Ursprung Ihrer Saturnlinie?

2. Wie fühlen Sie sich in Ihrem Beruf, wenn Ihre Saturnlinie auf der Höhe Ihrer Kopflinie aufhört?

3. Sie haben bis zu Ihrem 30. Lebensjahr einen Job nach dem anderen versucht und wussten nie, was Sie für einen Beruf ergreifen sollten. Sie verlassen sich gerne auf andere Menschen. Wo ist der Ursprungspunkt Ihrer Saturnlinie?

4. Statt einer Lebenslinie und einer Saturnlinie haben Sie drei Linien. Was ist Ihr Lebensziel?

5. Wo ist der Ursprung der Saturnlinie bei einem »Ewigen Studenten«?

6. Was bedeutet es, wenn Sie keine Saturnlinie in Ihrer Hand finden können?

7. Selbstständigkeit und Freude bestimmen Ihre Lebensziele, Ihre Karriereentscheidungen sind mehr intuitiv als geplant gefallen. Wo ist der Ursprung Ihrer Saturnlinie?

8. Sie haben Ihrem Partner zuliebe Ihren Beruf aufgegeben. Wie sieht Ihre Saturnlinie aus?

9. Sie haben eine Saturnlinie, die zwischen Kopf- und Herzlinie doppelt geführt wird, wobei die beiden Linien sehr nahe beieinanderliegen. Was bedeutet dies?

10. Was bedeutet es, wenn Ihre Saturnlinie oberhalb der Herzlinie zum Apollo hinüberzeigt?

Antworten zu Saturnlinien

1. Ihre Saturnlinie beginnt innerhalb Ihrer Lebenslinie oder ist am Anfang mit ihr verbunden.

2. Der Alltagstrott langweilt Sie unendlich, und Sie fühlen sich in Ihrem Beruf wie erstarrt.

3. Sie beginnt erst hoch oben in der Mitte der Hand, knapp unter der Kopflinie, ein »Spätzünder«.

4. Sie sind auf der Suche nach einem Lebensziel, nach einem Sinn für Ihr Leben, nach dem Beruf, der gleichzeitig Ihre Berufung werden kann.

5. Der Ursprung liegt hoch oben auf der Lebenslinie.

6. Sie haben kein Lebensziel und sind nicht im Gleichgewicht. Sie müssen nach anderen Zeichen in Ihrer Hand suchen, die Sie motivieren können.

7. Der Ursprung Ihrer Saturnlinie liegt im Mond.

8. Der Verlauf der Saturnlinie wird von der Herzlinie gestoppt.

9. Sie arbeiten zu hart oder haben in Ihrem Leben zu hart gearbeitet, so dass viele andere Wünsche nicht erfüllt werden konnten.

10. Sie bedeutet eine neue Ausrichtung in Ihrem Beruf, indem Sie mehr Individualität und Kreativität in Ihr Leben bringen.

Fragen zu den Begabungszeichen

1. Können Sie einem Begabungszeichen mit einem Hobby gerecht werden?
2. Was bedeutet ein Stern unter dem Apollofinger?
3. Wie sieht eine Supercomputerlinie aus, und welche Bedeutung hat sie?
4. Wo befindet sich der Stern der Weisheit?
5. Welches ist die Herausforderung für das Reine Herz?
6. Worauf deuten viele feine parallele Längslinien unter dem Merkurfinger?
7. Wie sieht eine Linie aus, die Klarsichtigkeit anzeigt?
8. Welchen Weg aus der Klemme könnte eine Person mit Genielinien wählen?
9. Versuchen Sie, einen Simian mit einem einzigen Wort zu beschreiben.
10. Nennen Sie die drei Bereiche, in denen sich ein Mondstern befinden kann.
11. Mit welchen Herausforderungen muss der Eigner eines Merkursterns rechnen?
12. Wo befindet sich der Midasstern?
13. Welcher Stern weist auf Fähigkeiten im Bereich von Führung und Einfluss hin?
14. Wenn jemand außerordentlichen Mut aufweist, welchen Stern dürfte man in seiner Hand finden?
15. Welcher Stern könnte ein »verletztes Kind« aufzeigen?

Antworten zu den Begabungszeichen

1. Nein, ein Begabungszeichen verlangt, dass Sie es zum Zentrum Ihres Lebens machen.

2. Das ist das höchste Zeichen für Kreativität und Individualität, welches in einer Hand gefunden werden kann. Es steht für »Ruhm und Glück in den Künsten«.

3. Eine Supercomputerlinie ist eine sehr lange gerade Kopflinie, die kurz vor dem Handrand aufhört. Sie ist ein Zeichen dafür, dass ihr Eigner über Fähigkeiten verfügt, sich auf verschiedene Dinge zur gleichen Zeit konzentrieren zu können, und ein hervorragender Problemlöser ist.

4. Der Stern der Weisheit befindet sich auf dem mittleren Abschnitt des Daumens.

5. Die Herausforderung ist ein gebrochenes Herz oder Naivität und fehlende Grenzsetzung im Umgang mit anderen Menschen.

6. Das sind Heilerlinien, die einen begabten Heiler aufzeigen, der inspiriert mit anderen Menschen kommunizieren kann und über ein ganzheitliches Bewusstsein verfügt.

7. Die Klarsichtigkeitslinie ist eine Merkurlinie, die rund um den Mondberg verläuft.

8. Schreiben, Reden, Reden, Schreiben ...

9. Intensität, Energie

10. Im oberen Drittel: Zone der Entdeckung.
    Im mittleren Drittel: praktische Intuition.
    Im unteren Drittel: tiefes Unbewusstes.

11. Er hat ein unklares Bild von sich selber und braucht einen Spiegel.

12. Der Midasstern ist ein Saturnstern und befindet sich unter dem Saturn.
13. Das ist ein Stern unter dem Jupiter.
14. Einen Marsstern.
15. Bei einem Venusstern würde ich vorsichtig einen solchen Themenkreis ansprechen.

Fragen zu den Nebenlinien
und weiteren Zeichen

1. Welche Formation deutet auf eine Überlagerung Ihrer Wünsche durch die Wünsche anderer hin?
2. Was bedeutet eine starke Linie, die von der Handwurzel zum Merkur führt?
3. Was bedeutet eine Apollolinie, die im Mondberg beginnt?
4. Wo befindet sich die Jupiterlinie?
5. Welches Zeichen zeigt auf, dass sein Eigner hinter die Maske anderer Menschen blicken kann?
6. Was bedeutet ein Venusgürtel, der den Jupiterfinger umfasst?
7. Unter welchem Finger ist ein Venusgürtel verstärkt sichtbar, der außergewöhnlich große Angst vor Kritik und vor Auftritten in der Öffentlichkeit symbolisiert?
8. Was ist eine Sisyphuslinie, und was bedeutet sie?

Antworten zu den Nebenlinien und weiteren Zeichen

1. Ein Stern am Ende der Kopflinie ist ein Wunschüberlagerungsstern.
2. Sie deutet auf einen nach Einsicht Suchenden hin.
3. Sie bedeutet ein außergewöhnliches Talent, das seine Begabung mit Intuition und Fantasie paart.
4. Die Jupiterlinie finden Sie unter dem Jupiter. Sie scheint aus der Kopf- und/oder Lebenslinie herauszuwachsen.
5. Das ist ein Salomonring.
6. Das ist ein Heldenverehrungsgürtel.
7. Unter dem Apollofinger.
8. Eine Sisyphuslinie ist ein Venusgürtel, der sowohl Saturn als auch Apollo und Merkur umfasst. Er bedeutet, dass Sie in Ihrer engsten Beziehung nicht vorwärtskommen.

Anhang 2 – Hilfe zur Selbstanalyse

Schauen Sie sich Schritt für Schritt und mit Hilfe des theoretischen Teils die verschiedenen Faktoren in Ihrer Hand an und notieren Sie, was Sie finden.

- Bestimmen Sie Ihre Daumen (Winkel, Größe, Ansatz).
- Suchen Sie nach Ihrem stärksten Finger (Jupiter, Saturn, Apollo, Merkur – Dschungeltest).
- Bestimmen Sie Ihre Herzlinie (der Leidenschaftliche, Großes Herz, Einsiedler, Romantischer Idealist).
- Ordnen Sie Ihre Kopflinie ein.
- Suchen Sie Ursprung und Art Ihrer Lebenslinie.
- Untersuchen Sie Ihre Saturnlinie.
- Überlegen Sie, welche Nebenlinien Sie sehen.
- Prüfen Sie, ob Sie noch andere Zeichen sehen können und wo diese in Ihrer Hand liegen.
- Suchen Sie nach Begabungszeichen.
- Jetzt überprüfen Sie, ob die Aussagen in Ihrer Hand grundsätzlich für Sie stimmen, und versuchen Sie, sich ein Gesamtbild Ihrer Persönlichkeit zu machen. Vergessen Sie dabei nicht, dass Widersprüchlichkeiten zum menschlichen Charakter gehören.

Anhang 3 – Wie mache ich Abdrücke?

Um gute Handabdrücke machen zu können, benötigen Sie:

- Roller für Linoldrucke
- Ein Stück Linol als Unterlage, um die Farbe verstreichen zu können
- Eine Tube wasserlösliche Aqua Linoldruck-Wasserfarbe von »Schmincke, schwarz, No. 730«
- Papier.

Geben Sie ein erbsengroßes Stückchen Farbe auf die Linolunterlage und verstreichen Sie es mit dem Roller, damit die Farbe auf dem Roller gut verteilt wird.

Dann streichen Sie Ihre Handfläche mit der Farbe ein, schön gleichmäßig von den Fingerspitzen bis zum Handansatz.

Legen Sie Ihre Hand locker auf das Papier, und drücken Sie nun mit der anderen Hand Handfläche und Finger gleichmäßig auf das Papier.

Heben Sie das Papier hoch, das Blatt sollte an Ihrer Handfläche kleben bleiben. Drücken Sie nun mit der anderen Hand in die Handmitte, damit die Linien dieses Teils Ihrer Hand auch auf dem Blatt erscheinen.

Lösen Sie das Papier sorgfältig von Ihrer Hand.

Waschen Sie die Hand zuerst nur mit lauwarmem Wasser, dann mit etwas Seife.

Wiederholen Sie das Ganze mit der anderen Hand.

Glossar

Affenfalte: Linie, die Herzlinie und Kopflinie kombiniert und quer in der Mitte der Hand verläuft

Apollo: Römischer Gott der Weissagungen (Orakel), Künste, Medizin

Apollofinger: Ringfinger

Apollozone: Zone unter dem Ringfinger oberhalb der Herzlinie

Apollolinie: Kreativität

Apollostern: Höchstes Zeichen für Kreativität

Begabungszeichen: Ein besonderes Potenzial an Begabung

Berge: Zonen der Hand

Daumenansatzpunkt: Das unterste Daumengelenk

Daumengröße: Die Länge des Daumens vom Ansatzpunkt bis zur Spitze

Daumenwinkel: Wenn der Daumen im Vergleich zum Zeigefinger waagrecht steht, ist der Daumenwinkel groß

Dschungeltest: Test zur Ermittlung des dominanten Fingers

Genielinien: Feine senkrechte Linien auf dem oberen Merkurfingerabschnitt, die aufzeigen, dass der Eigner fähig ist, komplexe Ideen auf einfache Art zu vermitteln. Ein begabter Autor oder Redner.

Handanalyse: Persönlichkeitsanalyse aufgrund von Formen, Linien, Farben usw. der Hände

Handlesen: Analyse und Wahrsagerei aus den Händen

Heilerlinien: Mindestens vier parallele kleine senkrechte Linien auf dem Merkurberg. Die Begabung, auf jede Art anderen Menschen zuzuhören und / oder ihnen durch Berührung oder Rat Lebensweisheit zu vermitteln

Herzlinie: Hauptlinie in der Hand, die quer zur Handfläche am nächsten bei den Fingern liegt und die Art der Beziehungen aufzeigt

Jupiter: Oberster römischer Gott, Herr über Blitz und Donner

Jupiterfinger: Zeigefinger

Jupiterzone: Zone unter dem Zeigefinger oberhab der Herzlinie

Jupiterlinie: Ehrgeiz und Motivation

Jupiterstern: Der Klassensprecher, der Erfolgstyp

Karrierelinie: Linie, die unter dem Mittelfinger endet. Sicherheit, Zuverlässigkeit, Verantwortungsgefühl

Klarsichtigkeitslinie: Einsicht, Lebens-Coach

Kleiner Finger: Merkur

Kopflinie: Hauptlinie, die quer zur Handfläche in der Mitte der Hand verläuft und die Art des Denkens aufzeigt

Lebenslinie: Hauptlinie, die im Bogen um den Daumenballen herum verläuft und die Verwurzelung, Beziehung zur Familie aufzeigt

LifePrints®: Von Richard Unger entwickeltes Bewertungssystem, um Lebensschule, Lebenszweck und Lebenslektion zu bestimmen

Mars: Römischer Kriegsgott

Marszone: Obere Zone zwischen Lebenslinie und Daumen

Marsstern: Außergewöhnlicher Mut und Kampfbereitschaft

Merkur: Römischer Gott der Händler, Götterbote

Merkurfinger: Kleiner Finger

Merkurzone: Zone unter kleinem Finger, oberhalb der Herzlinie

Merkurlinie: Kommunikation, innere Stimme, Einsicht

Merkurstern: Einfallsreichtum, Genialität, Scharfsinn und Klugheit

Midasstern: Reichtum

Mittelfinger: Saturn

Mond, Mondzone: Zone am äußeren Teil der Handfläche, die Intuition und Fantasie symbolisiert

Mondstern: Plötzliche Eingebungen von Erkenntnissen

Neptun: Römischer Gott des Meeres

Neptunzone: Zone in der Mitte der Hand an der Handwurzel

Neptunstern: Einfühlungsvermögen für die Notleidenden und tiefgründiges Verständnis für alle menschlichen Lebenssituationen

Persephonelinie: Tiefe, intuitive Weisheit, viel Kreativität, Fantasie und Intuition, aber auch Depression

Pluto: Römischer Gott der Totenwelt

Plutozone: Zone an der äußeren Handfläche zwischen Mond und Merkurzone

Reines Herz: Der Menschenfreund

Ringfinger: Apollo

Salomonring: Ring um den Jupiter, Weisheit, »Röntgenblick«

Saturn: Römischer Gott des Ackerbaus

Saturnfinger: Mittelfinger

Saturnzone: Zone unter dem Saturnfinger oberhalb der Herzlinie

Saturnlinie: Karrierelinie, Linie der Zielfindung über eine gewisse Zeit

Saturnstern: Reichtum (wie Midassstern)

Simianlinie, Simianfalte, Affenfalte: Linie, die Herzlinie und Kopflinie kombiniert und quer in der Mitte der Hand verläuft

Stern der Weisheit: Ein begabter Seher

Sterne: Sterne mit sechs Zacken, aus drei Linien bestehend, die einen gemeinsamen Mittelpunkt haben

Supercomputerlinie: Kopflinie, die lang und gerade über die ganze Handfläche läuft und kurz vor der Handkante aufhört. Tintenfischgehirn

Sysyphuslinie: Ein Venusgürtel, der Saturn, Apollo und Merkur umfasst. Intimität

Venus: Römische Göttin der Vegetation und des Frühlings, später auch der Liebe und Schönheit

Venuszone: Zone des Daumenballens

Venusgürtel: Meist um Ansätze von Jupiter und Saturn. Sensibilität und Fantasie, Schutzwall gegen zu starke Gefühle

Venusstern: Sinnesfreude, Sexualität, verletztes Kind

Wunschüberlagerungsstern: Stern am Ende der Kopflinie. Die eigenen Wünsche werden überschattet und den Wünschen anderer untergeordnet

Zeigefinger: Jupiter

Dank

Mein besonderer Dank geht an meine Handanalysekollegin, *Christina Gertsch*, die viele Tage mit mir verbracht hat, nach geeigneten Beispielen in den vielen Abdrücken zu suchen, und die mit aufbauender Kritik den ersten Entwurf durchgelesen und korrigiert hat. *Pamelah Tablak Landers* hat mir im Gespräch und durch ihre Publikationen kostbare Anregungen geliefert, und bei *Thomas Geiges* und *Matthyas Arter* bedanke ich mich für ihre wertvollen psychologischen Einsichten und Erkenntnisse. Nicht zuletzt hat das Buch durch die vielen ansprechenden Illustrationen von *Laurenz Zellweger*, von der Firma *Tollkirsch GmbH in Zürich*, an Attraktivität gewonnen.

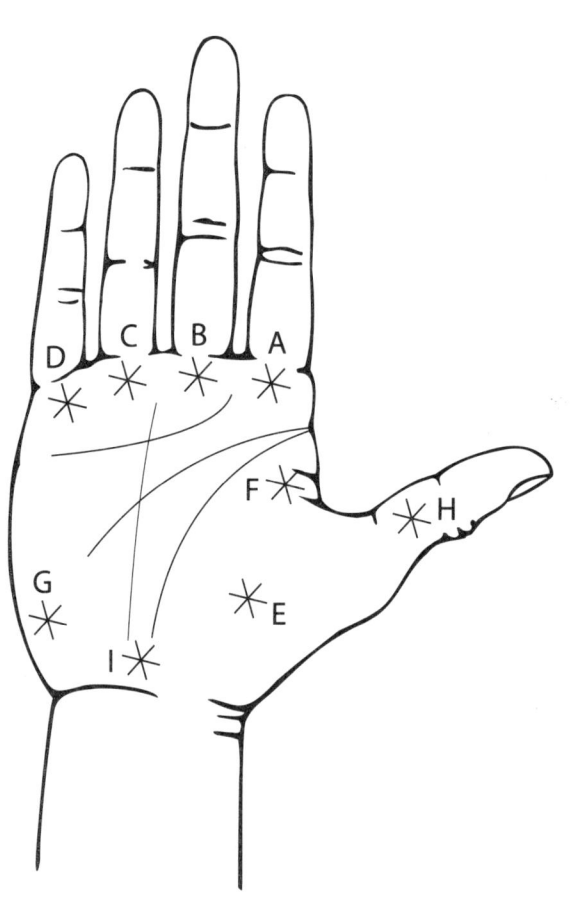